鈴木道子

祖父・鈴木貫太郎

孫娘が見た、終戦首相の素顔

監修・解説　保阪正康

朝日新聞出版

祖父・鈴木貫太郎　孫娘が見た、終戦首相の素顔

目次

はじめに……9

鈴木貫太郎関係　系図……12

図表作成／谷口正孝

［カバー写真］
祖父・祖母と道子／著者提供
故郷の貫太郎／野田市鈴木貫太郎記念館提供

装丁／加藤光太郎

はじめに

今年は終戦七十九年となります。

「戦いを始めるは易し　収めるは難《かた》し」と言いますが、その終戦になんとか漕《こ》ぎ着けた首相が鈴木貫太郎。第四十二代の内閣総理大臣です。私はその孫になります。貫太郎の長男一《はじめ》の長女として昭和六（一九三一）年、東京に生まれました。

私は音楽好きの両親のもとで、幼少からピアノに励み、ピアニストにはならなかったものの音楽の道を歩いてきました。その間、貫太郎の孫であることを自ら名乗ったことはありませんでした。

父は祖父が首相となった時、暗殺者が現れるに違いないとして、お役所を辞めて秘書官となり、常に行動を共にしました。そんな関係もあり、戦後はよく講演を頼まれまして、全国どこへでも出かけて行きました。貫太郎を中心に終戦秘話を語る講演会です。私も同行してもっと父の話を聞いておくべきだったと後悔していますが、音楽の仕事が超多忙だったので、果たせませんでした。

それと終戦の日の朝、暴徒によって襲撃され、自邸であり組閣本部でもあった家が全焼してしまい、歴史的価値のある書類その他全て失ってしまったことは、本当に惜しいことでした。

でも、その家で交わされた祖父たちの言葉やおだやかな笑顔などは、懐かしく思い出されます。祖父の話は父の担当と思いこんでいたのに、一九九三年秋、突然父が亡くなり、思いがけずその役が私のところへ回ってきたのです。最初は戸惑いましたが、両親から聞いていた祖父のことは、語り継がなければならない、書き残しておくべきだと思うようになりました。

そんな時、保阪正康先生とご縁ができて講座へ通うようになり、今も多くのことを学ばせて頂いています。

祖父の思い出だけでなく、その生き様や時代背景も書いておきたい。そこでいろいろ本を読むうちに、いろいろな説があったり、これは違っているのではと思うことも出てきたりしました。そこでどの説をとるべきかと迷ったときに、私は家族の立場で考えることに決めました。私が考える真実と、家族だけが知る祖父の素顔を書き残しておこうと思いました。

祖父・鈴木貫太郎の生涯は、まさに激動の時代に彩られたものだっただけに、当時の社会や風潮などについても興味をそそられました。それも書くことにしました。

書くにあたっては、保阪先生の講座をはじめ、私の父が編者を務めた『鈴木貫太郎自伝』や、多くの方々の著作を参考にさせていただきました。該当する箇所にその旨を記しておきます。一部ですが、旧仮名遣いを新仮名に、旧字体を新字体に変えています。振り仮名を付けた箇所もあります。

また、私の血縁者や歴史的な方々が多く登場することになりますので、場面によっては祖父を「貫太郎」「鈴木首相」「首相」などと呼び分けております。

大変遅まきながら、ライフワークとして執筆しようと最初に目指したのは、『祖父鈴木貫太郎と鈴木家の人々』というものでした。数々の業績を残しながら目立たなかった父一。祖父の後半生を支え、賢夫人と言われた祖母タカ。婦人平和運動に尽くした私の母布美……。本書にも登場しますが、いずれはそれぞれ単独で書き残したいと思っています。

その先頭としてまず祖父のことを中心にまとめました。私や家族が見た、貫太郎の素顔と、激動の時代に翻弄され続けたこの国の姿を書いたつもりです。

苦悩する表情だけでなく、祖父の温もりや私たち若い世代に向けての大切な言葉なども紹介しましょう。

歴史家には得るところが少ないかも知れません。でも、鈴木貫太郎の名前は知っていても実像はあまりよく知らない、興味はあるという方には分かっていただけるのではないかと思います。きっと疑問点やご意見などもあると思いますが、精いっぱい書きました。何らかのお役に立てばと願っております。

鈴木道子

鈴木貫太郎関係 系図

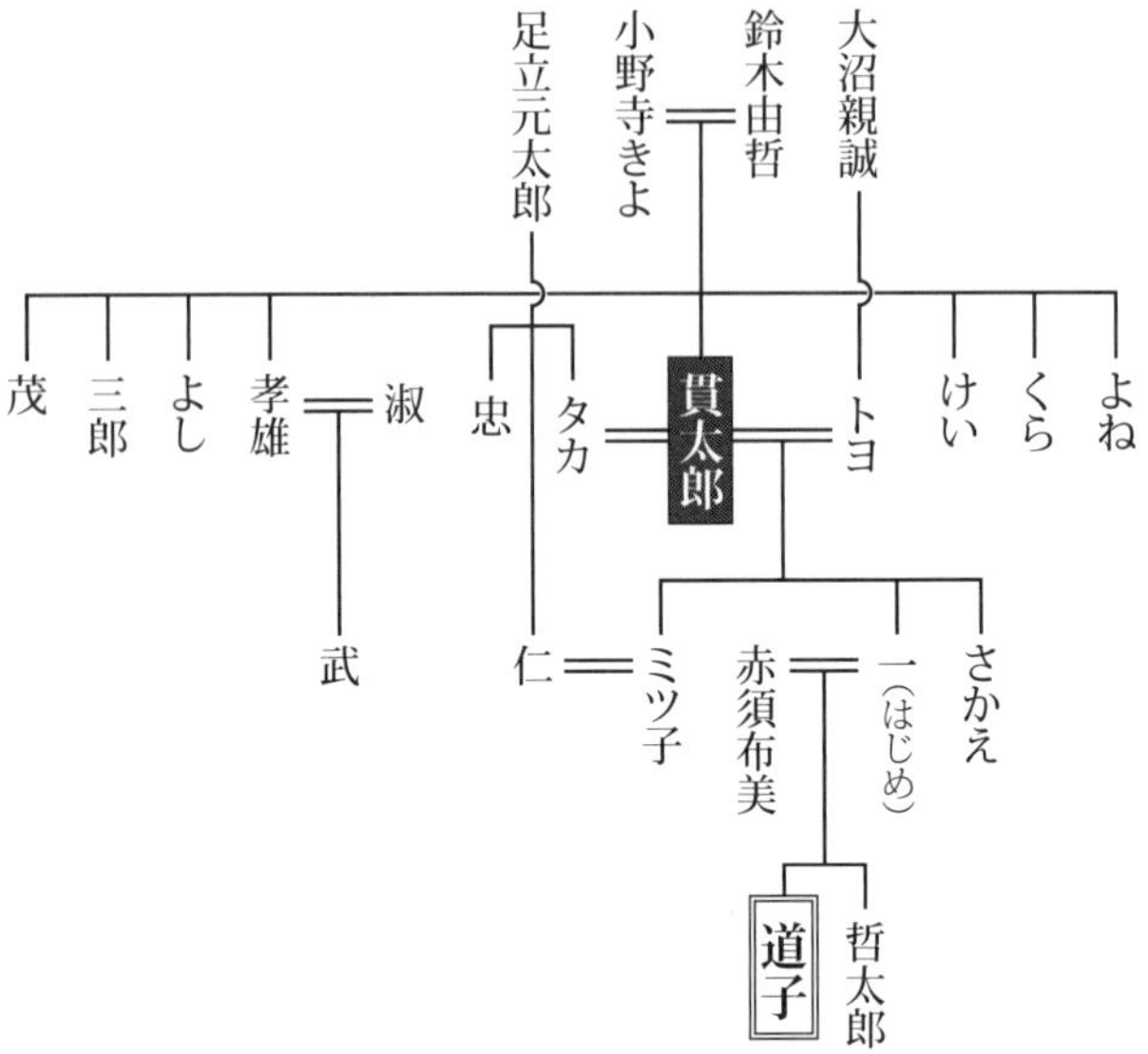

大沼親誠
鈴木由哲
小野寺きよ
足立元太郎
よね
くら
けい
トヨ
貫太郎
タカ
忠
淑
孝雄
よし
三郎
茂
さかえ
一（はじめ）
赤須布美
ミツ子
仁
武
哲太郎
道子

序　章

二・二六事件の朝

幼い日の記憶

布団の中で聞いた緊急電話のベル

祖父貫太郎との最初の思い出は、寒い冬の朝のことになる。

昨夜から降り積もった雪は止んでいたかもしれない。兄と私は肺炎を起こすほどの風邪をひいて、いつもの寝間とは違う部屋で、二人とも炬燵《こたつ》に足が入るようにして寝ていた。そこへ早朝、突然電話のベルが鳴り、父は大急ぎで家を飛び出して、貫太郎がいる侍従長官舎へ向かった。昭和十一（一九三六）年二月二十六日のことだった。

「危篤」とだけ父は聞いたので、脳梗塞か心臓発作かと思いながら九段近くへ差しかかると、街角に兵隊の姿を認めて、これは事件だなと悟ったという。世にいう二・二六事件だ。

私はその日に祖父に会ったわけではないが、祖父を意識した最初の出来事だったと言える。私は四歳。なぜかその朝の出来事を今でも鮮明に覚えている。

事件後、祖父に実際に会ったのは三か月ほど後のこと。侍従長官舎へお見舞いとお床上げのお祝いに行った。その時の様子は八ミリのホーム・ムービーに残っている。

広い庭を駆け回っている私に、縁側に立った祖父がおいでおいでと手招きをし、私が駆け寄ってくるというシーンだった。次に出てくるのは、礼服に着替えた祖父。事件以来はじめて参内《さんだい》する玄関先のシーンが家族の見送りとともに残されている。

侍従長官舎は、現在の戦没者墓苑の隣りあたりか。九段の千鳥ヶ淵に面した所で、道をはさんで南隣りが賀陽宮《かやのみや》邸。道路から入ってくると左手に賀陽宮邸、右へ曲がって侍従長官舎。その裏手には宮内大臣官舎があった。

二・二六事件については、陸軍内部の派閥、統制派と対立する皇道派の一部青年将校が「国家改造」を振りかざして起こした行動とされる。農村出身の兵隊が多いことから農村の疲弊問題や、当時の社会、思想背景など様々な理由があげられるが、ここで論じるつもりはない。

ただ暴徒のターゲットにされた重臣は、岡田啓介首相、高橋是清大蔵大臣、斎藤実内大臣、渡辺錠太郎陸軍教育総監、牧野伸顕前内大臣、そして鈴木貫太郎侍従長の六人。高橋、斎藤、渡辺氏は殺害され、牧野氏は難を逃れた。岡田首相は義弟松尾伝蔵氏が間違われ、身代わりとなって殺害されたため、無事だった。貫太郎は瀕死の重傷だったことのみ記し、ここではあくまでも家族の立場から伝えておきたいと思う。

事件の前夜、ジョセフ・グルー・アメリカ大使は親しい友人でもある斎藤実内大臣夫妻を中心に貫太郎夫妻等も含めて三十六人を夕食会に招いた。一同は特別な思いの楽しい夕べを過ごした。

グルー大使はこの夜のためにMGM社の新着ハリウッド・ミュージカル映画「Naughty Marietta（『浮かれ姫君』）」を借りてきて客人のために上映し、その後に晩餐会となった。皆の帰宅は十一時半近かった。ちなみにこの映画は黄金コンビとなる美声のネルソン・エディとジャネット・マクドナルド主演初共演作。作曲ヴィクター・ハーバート。一九三五年制作・公開。二時間近い大作で途中茶菓も供されたという。

英語は余り得意ではなかった祖父も、海軍軍人だっただけに船の上の物語が中心で、美しい景色と音楽には大いに満足だったに違いない。

拳銃弾四発が命中

深夜になって官舎に帰宅した祖父・祖母は、寝入って間もなく起こされた。

二人に急を告げたのは、女中さんの多分、ゆりさんだと思う。まだ暗い朝五時前、「兵隊さんたちが大勢きました！　門を入ってまいりました！」と金切り声で叫びながら廊下を駆けてきたという。

貫太郎はラクダのシャツの上に真綿の入った本ネルの寝間着姿のままだった。咄嗟《とっさ》に床の間にあった白鞘《さや》の剣を取り中身を改めると、槍の穂先だったので、すぐ奥の部屋の向こうの納戸へ。確か日本刀が収めてあったはずと取りに行ったのだが、見当たらない。祖母タカが数日前に風呂敷に包んで他の場所にしまっていたのだった。

貫太郎も瀕死の重傷を負った「二・二六事件」。陸軍青年将校ら1400人が首相官邸などを襲撃し、料亭「幸楽」や山王ホテルにたてこもった＝1936年2月、「幸楽」前（提供・朝日新聞社）

そうするうちにもドカドカと兵隊たちの足音が聞こえてきた。納戸に隠れて殺されたなどとは恥辱であるから、前の八畳間に戻り電灯をつける。すると、もう一気に二十数人の兵隊たちの銃剣に取り囲まれた。

その中の一人が「閣下でありますか?」と丁寧な言葉で聞き、祖父は「そうだ」と答えた。両手を広げて「まあ静かになさい」となだめ、みなが注視する。

「こういうことがあるのには、なにか理由があるだろうから、その理由を聞かせてもらいたい」と噛んでふくめるように言った。

しかし答える者がいない。もう一度問い掛けたが無言。三度目に「理由を聞かせてもらいたい」と促すと、その中の下士官らしい者が「閣下、もう時間がありませんから撃ちます」と言う。

この者たちは理由も知らず、ただ上官の命令でやっているのだと悟り、「それなら止むを得ません。お撃ちなさい」と直立不動の姿勢をとると、最初の一発が放たれた。

ピストルで撃ってきたのは下士官二人（一人は、堂込曹長）。一発目は逸《そ》れて後ろの唐紙へ。続いて股間。左胸。そこで体の左側を下に倒れるところを頭と肩へ。計四発が命中した。後でわかったことだが、いずれも睾丸、心臓、眉間などの急所からは外れていた。

そこへ安藤輝三大尉が駆け付ける。

「トドメ、トドメ」の声に、下士官が貫太郎の脇へ。祖母タカは一間（約一・八メートル）と離れていない隣室に座り、これも銃剣に囲まれながら一部始終を見ていたが、「とどめだけはどうかしないでいただきたい」と懇願した。

下士官が発射したばかりのピストルの銃口（軍刀ではない。祖父の首には、熱い銃口の丸い跡がしばらく消えなかった）を祖父の首に押し当てて「トドメを刺しましょうか」と上官にきいた。

するると安藤大尉は「トドメは残酷だ。よせ」と制止した。

「閣下に対して敬礼」と号令をかけると、兵たちは「捧げ銃《つつ》」の姿勢を取る。

「立てい、引き上げ」の号令と共にみな出ていった。

安藤大尉は祖母の近くへきて「奥さんですか？」と問う。

「何ごとが起こって、こんなことになったのですか」と祖母が詰問調で言うと、

「躍進日本の将来に対して閣下と意見を異にするため、お気の毒ながら人柱となっていただきました」と国家改造の大意を手短に説明した。

祖母が「お名前は？」と聞くと「安藤輝三。ひまがありませんからこれで失礼いたします」と敬礼して引き上げた。

女中部屋の前を通ったときに、「閣下を殺した以上は自分も自決する」と話していた、と女中さんから祖母に報告があったという。

後に安藤は、「奥さんに名前を聞かれたときが一番恐ろしく、背に水を浴びたようでした」と本庄繁大将に話したという。そして実際安藤大尉は帰隊後ピストル自殺を図ったが失敗し、後に首謀者たちと処刑された。

「とどめだけはしないでいただきたい」というタカの命乞いは、美談として語られているし、事実だが、私は安藤大尉が初めから貫太郎を殺害するつもりはなかったのではないかとの思いがある。

彼はそれより二年ほど前に祖父を訪ねている。同道したのは多分、河野来吉氏。会見は三十分の予定が三時間近くなったとか。

若い陸軍士官の国家改造論を静かに聞いた上で、祖父は明治大帝の話から世界の歴史なども引き合いに出して諭した。安藤大尉は「聞くと会うとでは大違いだ」と感服して帰ったという。そんな人が、あえて貫太郎を襲撃の対象に選んだのには、並々ならぬ覚悟があったと察せられる。それを裏付ける資料（中村正己氏の研究ノート）が出てきた。

侍従長官舎へ向かう途中、安藤大尉は並んで歩いていた奥山軍曹に「（侍従長を）殺すのが目的ではない。傷ついて、分かってもらえればそれでいいんだ」と小声でささやいたという。

奥山軍曹は最初に鈴木貫太郎侍従長を発見しながら、自らは引き金を引かなかった。その理由は「殺すな……」と行軍途中でささやいた安藤大尉の言葉を「命令」と受けとめたからだった。安藤大尉は貫太郎を生かすために、侍従長襲撃の隊長を志願したのだと私は思う。

父が駆け付けた時には、祖父は血の海の中に突っ伏したままだったという。ただならぬ物音に気付き真っ先に駆け付けて下さったのは、宮内大臣官邸の方だった。

世間では宮中に一番早く事件を知らせたのは祖母のタカだと言われている。公式ルートとしては宮内事務官高橋敏雄氏が第一報を受けて、当直の甘露寺侍従に伝え、これは大変な事が起こったと就寝中の天皇陛下をお起こしし、事件をお知らせした。

宮内省ではなく直接宮中へ、タカが「貫太郎が襲撃されて重傷である」ことを電話で告げたことも事実で、当直だった侍従の黒田子爵に医師の来診をお願いし、すぐに知り合いで外科医として屈指の塩田広重博士に頼んで下さった。

湯浅倉平宮内大臣も早速お見舞いに来られ、祖父は気丈にも謝辞を述べ、自分は大丈夫だからご安心頂くように陛下に申しあげて下さいとお願いした。その間にも血がドクドクと流れ出していたので、祖母はもう口をきいてはいけませんと制した。

そうこうするうちに塩田博士が駆け付けて下さったのだが、博士は一面の血の海に足をとられて滑って転ばれたという。

それまでの間、祖母は日頃鍛練の「霊気術」で止血に尽くしていた。肝が据わっているのか、出血する傷口に手を当てていたのだ。文字どおりの「手当て」である。

塩田博士から包帯をと言われたがないので、白羽二重の反物を切って止血に使った。それで初めて祖父を畳の上から布団に運んだ。初期に動かさなかったことがよかった。

それでも意識もうろうとなり、一時は脈も途絶えた。顔色も土気色になった。集まってきた家人たちは、もう「御臨終」と覚悟した。執事の浅田さんや女中さんたちもすすり泣き、手を合わせる者もいた。

リンゲル注射と、飯島博士が連れてこられたO型の青年から直接採血して、取りあえず三百グラム（予定では五百グラム）を輸血すると、なんとか持ち直したという。処置部屋も血ぬられた現場から、隣りの十畳間に移し、夜になってから布団の下に乾板を入れてレントゲン写真で弾の位置を調べた。

弾を取り出すため飯田橋の日本医大病院に移り、仰向けに寝たまま絶対安静で十日間。塩田博士から一週間たった頃に、「やっとこちらのものになりました」と言われた。祖父は、「人間は直ぐは死んでしまわないものだと思った」と『鈴木貫太郎自伝』（鈴木一・編）に記している。

この間、こんなこともあった。

銃創からくる痛みと熱にうかされながら絶対安静で寝ていた祖父が、二日目の朝、目を開けて、「昨夜、夢うつつの中に観音さまが大和から来たと仰せになって、『大丈夫、助かりますよ』とお告げがあった。だから心配しなくてもいいよ」とタカに言った。

毘沙門天説もあるが、かつて詣でた毘沙門天の御利益はなかったし、観音信仰は祖父母だけでなく両親、私にも受け継がれている。仏間には何体か観音像が安置されていて、毎朝お明りと線香を立て、手を合わせて感謝と安寧を祈るのが鈴木家の習慣として受け継がれている。祖母は、このときは奈良の観音さまがおいでになり、お陰で助かったと信じていた。

弟へは「七時まで知らせるな」

襲撃された直後の祖父の言葉も紹介しておきたい。

「孝雄には、七時以前には絶対連絡してはならぬ」とタカに命じたのだ。

孝雄とは、子ども時代から大変仲のよかった祖父の弟、鈴木孝雄陸軍大将である。陸軍でもリベラルな軍人であり、殺害された渡辺錠太郎の意見に賛成の意を述べていたので、すぐに駆け付けてきたりすれば事件に巻き込まれる危険があった。祖父の配慮があっての言葉だった。

二・二六事件の傷も癒え、「床上げ」の祝いに集まる親族たち。貫太郎の右に著者（道子）、祖母・タカ、二人おいて道子の母・布美＝（提供・著者）

天皇陛下にご心配ないようにと宮内大臣からお伝え頂きたいなどと伝えてもいる。瀕死の重傷を負いながらよく気配り、対応ができたものだと感心する。

ひと月半も経たない四月六日に快復ご報告とお見舞い御礼のため事件後、初参内した。その時フロックコートを着たのだがなんとブカブカで、二十一貫（約七十九キロ）あった体重が十三貫（約四十九キロ）になっていたという。

参内すると天皇陛下は大変お喜びになった。陛下の微笑みをたたえた表情は、事件後初めてお見せになる明るい表情だったという。

四月半ばにはもう侍従長職に復帰した。夏には葉山へ、九月二十六日の北海道で行われる陸軍大演習にも遠路はるばるお供し、往復お召艦「比叡」の艦首で陛下のお側に立ち、久し振りに海の香りを満喫したという。海で鍛えた男の体力と胆力には感服するばかりだ。

療養中貫太郎に寄せられた天皇・皇后両陛下のご親愛と言ってもよい信任は、毎日遣わされたお見舞いからも窺える。温かいスープ、栄養食、搾《しぼ》りたての牛乳……。病院の枕元には美しい蘭の花が皇后陛下から贈られた。祖父は「天恩の手厚いご慈愛のほどに感激した」と言っている。また祖母は看病の傍ら観音経を写経していて、出来上がったものは浅草の浅草寺へお納めした。

祖父を生かした奇跡としか思えない出来事の連続にも触れておきたい。

輸血のためにO型（どの型にも輸血できる。O型の祖父はO型からしか受けられない）の青年を連れて駆け付けて下さった飯島博士は、車で総理大臣官邸前を通ったところで兵隊の検問に引っかかり、外務省から議会（議事堂建造中）の側へ抜けようとしてまた止められた。

どこへ行くかと訊かれて鈴木侍従長の所へと答えると、下士官が行っちゃいけないと言いながら自動車のステップに乗り、イギリス大使館前まで付き添い、ここまで来れば大丈夫ですと案内してくれたという。

その下士官は、飯島博士がひと月前に病院で助けた患者さんだった。輸血が遅れれば祖父は脈が途絶えたまま帰らぬ人となっていただろう。また侍従長官舎を守る警視庁の私服警官たちが発砲せず、その前に兵隊たちに包囲されてしまい、双方の銃撃戦にならなかったことも幸いした。もし警官が発砲していれば、斎藤内大臣や高橋大蔵大臣のように、軽機関銃で蜂の巣のようになっていたに違いない。

また、祖父に命中した四発の銃弾が、いずれも急所を外れていたこと。それと下士官のピストルの弾は、士官の弾に劣る鉛製だったこと。祖父が真綿入りの本ネルの寝間着を着ていたことも、弾の力を弱めた。さらにはトドメが刺されなかったことも大きい。

その中でやはり一番の幸運は、安藤大尉が隊長だったことだろう。前述のように、大尉は二年前に会いにきていた。畏敬の念を持つようになったその貫太郎を殺害しないために、あえて侍従長襲撃の隊長を志願したのに違いない。

こうした諸々の幸運が祖父を救ったのは、二・二六事件から九年後に、貫太郎を首相とし終戦を実現させるための、「天の計」であったように思われるのだ。

第一章
祖父の温もり

小石川丸山町の家

目に残る富士山の夕景

古いアルバムを見ていると、祖父母と一緒にどこかへ行った家族写真が何十枚かあり、懐かしい思い出が蘇る。

箱根、日光、湯河原……。都内では小石川植物園や上野など。ただ父・一《はじめ》の姿が少ないのは、自身がカメラを握っていたからだろう。私が四、五歳から小学校へ行きだしたころの写真が多い。

祖父・貫太郎を巡る思い出もその頃に集中している。

父は一時期農商大臣秘書官をしていた関係から、私たち一家は農商大臣官舎に隣接する秘書官官舎に住んでいた。広い家で、雨の日などは鉤《かぎ》の手になった幅一間近い廊下を、子ども用の自転車に乗って遊んだ記憶がある。

この官舎も九段の千鳥ヶ淵にあり、侍従長官舎とは同じ通りの端と端というかごく近かったこともあり、よく遊びに行った。今のように桜並木ではない小高い土手で、カラスノエンドウやクローバーなど摘み草をしたり、時には警護のお巡りさん（確か丸谷さん）が遊んでくれたりしたこともあった。

応接間では祖母や母を中心に、イギリス大使館員夫人のミセス・リーを迎えての英会話教室があり、時々私も加えてもらった。先生はよく遅刻して、ファーの付いたコートを揺すりながら、「アイム・ソー・ソリー。アイム・レイト」と謝りながら足早に入ってこられたのを覚えている。ついでながら彼女の妹ヴェラはデザイナーで、私の両親が約一年間外遊をしたときなど、最先端の洋服を何着も母のために縫ってくれた。また霊気の式《しき》先生のお稽古日には、多くの親戚や知り合いが参加した。

瀕死の重傷を負いながら早々と復帰した祖父ではあったが、陛下をお守りする侍従長の役はこれまでと決めて、昭和十一（一九三六）年十一月二十日に退任を許され、男爵を授与された。

その後は枢密顧問官に専念し、少しは時間の余裕が出来て、緊張の日々からも解放され、ゆったりとした生活になったに違いない。

祖父は侍従長官舎を出て、丸山町（小石川区丸山町四十番地。現在の文京区千石）に住まいを移した。

私たち一《はじめ》一家が住む巣鴨の家（豊島区巣鴨七丁目十三の十一番地。現在の豊島区南大塚）とは、ほんの十分足らずの距離だったので、よく一家で小石川丸山町を訪ねた。

和洋折衷の二階建て。その頃は周辺に高いビルなどもなく、高いのは消防署の火の見櫓《やぐら》くらいだったので、二階からは富士山がよく見えた。赤く染まった富士の夕景など、今でも目の奥に残っている。

海軍仕込みのトランプ遊び

洋式の玄関を入るとホールの左手に、蛇腹で仕切られた広い応接間と食堂があり、仕切りを開ければ大広間となった。右手のトイレも当時としては珍しい水洗だった。

ホール正面の一室は日本間で、ここは執事の浅田久三郎さんが詰めていた。浅田さんは祖父のことを大旦那様、時に殿様、祖母は大奥様、父は若旦那様、母は若奥様、兄を若さん、私を姫さんなどと呼んでいた。広い台所の隣りには六畳の女中部屋、お風呂場と化粧室があり、結構大きな地下室は外から階段を下りて行く。

L字型に建てられた家の奥手には十畳の日本間が二間、広い一間廊下があった。奥の方の居間には一年中使われる掘炬燵があった。

祖父は帰宅すると和服に着替え、「やってきたな」と掛け声をかけて炬燵の前へあぐらをかく。そしてお茶を飲んだりしながら、お客様などがない時は、よくトランプをしていた。その一人トランプが「ソリティア」だと知ったのは後年のことだが、海軍の方たちがブリッジとともに愛したカード遊びだ。

私は「おいで」と言われて、よく祖父のあぐらの中へすっぽり入れてもらって、一緒にトランプをしているつもりになっていた。楽しかったひと時は、祖父の温もりとともに、今でも最も懐かし

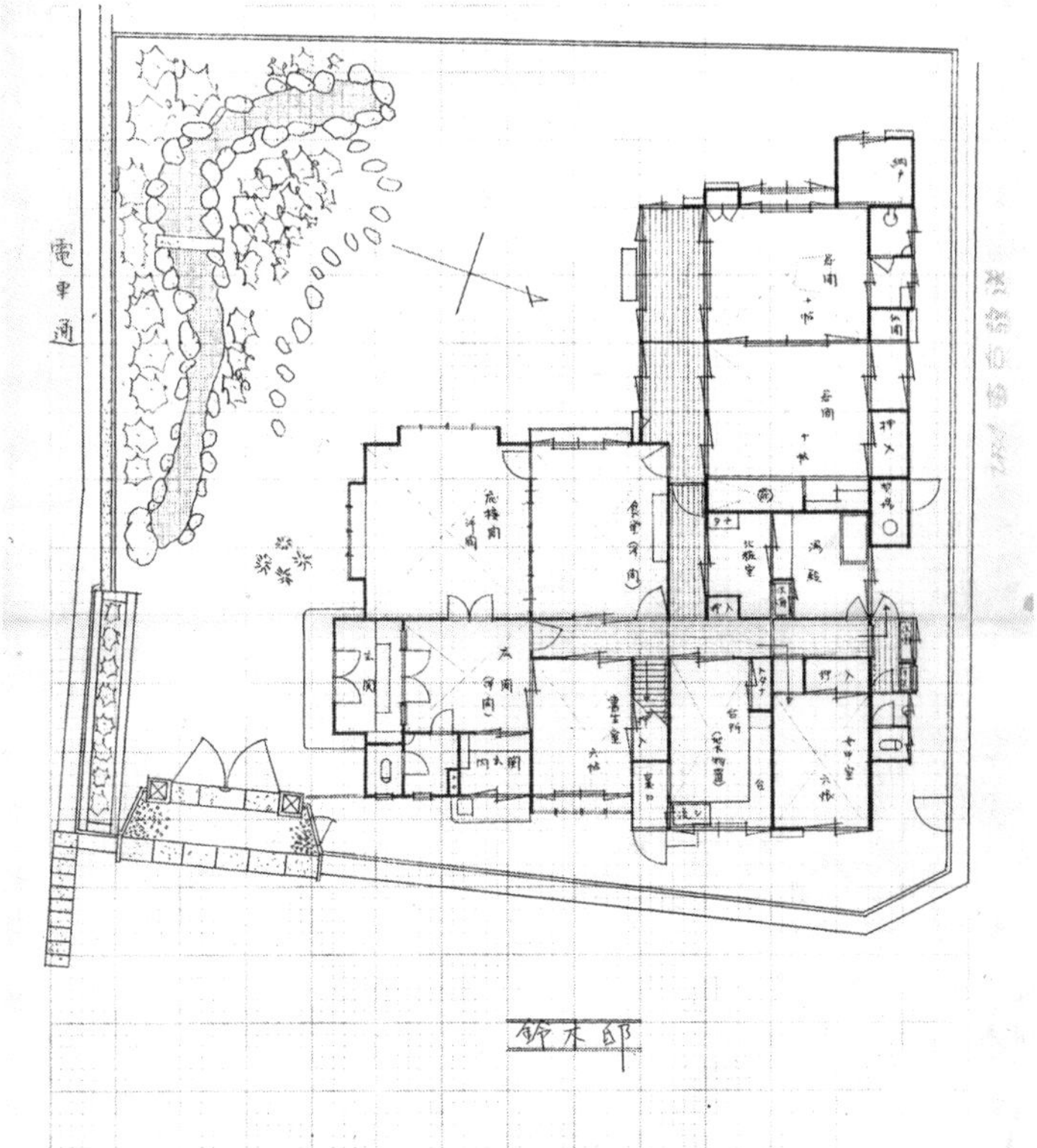

〈鈴木邸 一階〉小石川丸山町の祖父の家。ここが組閣本部になったこともある。終戦の8月15日に暴徒の襲撃によって焼失した＝（提供・著者）

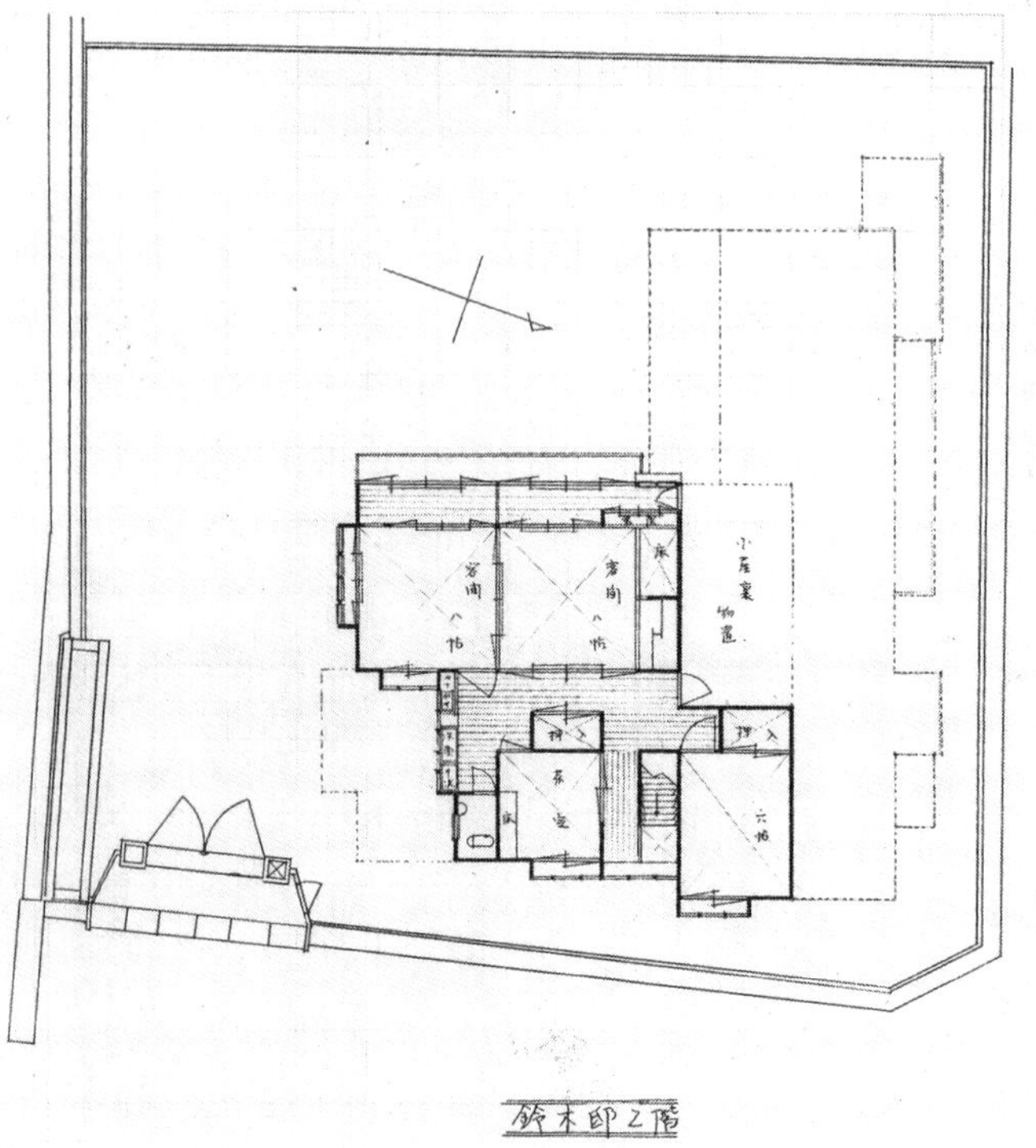

〈鈴木邸 二階〉

く思い出される。

私はよく体の大きな祖父に飛びついたりしたので、周囲から「大木に蟬《せみ》」などと冷やかされたものだった。大きいと言えば、祖父はがっしりと分厚く六尺豊かな体格だけでなく、人柄も大きかったようだ。寛容、温厚、忍耐、といった言葉が相応《ふさわ》しいと思う。熟慮と決断、胆力もある。

「よく人の話を聞く方でした、けれど自説は決して曲げない」

こう話されたのは、長い間侍従長を務められた入江相政《すけまさ》さんだったが、当たっているのだと思う。『自伝』や貫太郎を語る書物などには、自説を曲げず粘り強く相手を説得する祖父の姿が描かれている。

祖父はよく揮毫《きごう》を頼まれていた。ＪＲ大塚駅南口を出たところに「天祖神社」と書かれた大きな石碑が立っている。これにも「鈴木貫太郎謹書」と刻まれている。かつてはここが天祖神社の参道の入り口だったのだろう。今はその向こうに都内唯一の都電が走っている。よく縁日などには一家で夕涼みにでかけたものだった。

私が丸山町へ遊びに行った時など、

「道子、墨を磨《す》っておくれ」

とよく言われた。掛け軸や横長の額などは相当大きいので、墨もたっぷり要った。大きな硯《すずり》に太い筆。大量に墨を磨るのは子どもには相当の力仕事だった。時間をかけてゆっくりと磨る。

「出来ました」

「そうか。ありがとう」

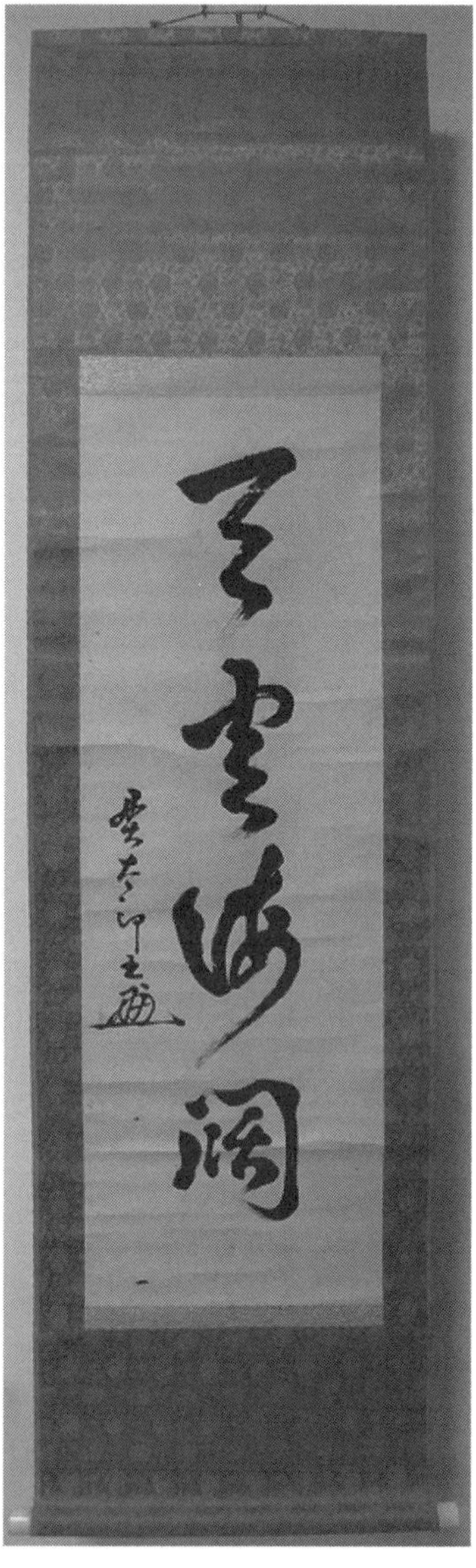

「天空海闊」。揮毫の際、幼い著者は墨を磨るお手伝いが楽しみだった＝（提供・野田市鈴木貫太郎記念館）

祖父は畳一畳くらいはある紺色の羅紗《らしゃ》の上に和紙を広げて、その前に座る。太い筆で書くのは、大抵が「天空海闊《てんくうかいかつ》」だった。大空と海が広々としていること。転じて、心が広く、度量が大きいさま、という意味のようだ。

「天空海闊」は祖父が海軍時代に揚子江《ようすこう》を航海した時、岸壁に大きく彫ってあった四文字とか。それが気に入り、自分の揮毫の定番にしたという経緯がある。

祖父は庭に下りて、築山の向こうから「つ」の字型に作られた池の金魚や鯉に餌をやるのも楽しみの一つにしていた。私も一緒に庭に下りて餌持ちをした。魚たちが集まってきて口をパクパクする。また大輪の菊や蘭の手入れもしていた。水が入った大きなガラス瓶に、吸いさしの葉巻が入っていて、その茶色い水を筆にふくませ、蘭の細長い葉一枚一枚に塗っていく。虫除けだとか聞いたことがあるが、効くのだろうか。どなたかのお薦めでやっていたのだと思う。

祖父の命名「道子」の由来

祖父の膨大な書庫は古い住まいだった巣鴨の家の離れにあった。丸山町の家の一間廊下にも本棚があり、漢字を様々な書体で書いた大きな本や、『老子』の分厚い本があったのを思い出す。孔子や荘子がよく読まれていた時に老子――。私も後年、少しだけだが勉強してみた。老子は深遠で広大な世界観を持ち、含蓄に富んだ言葉を多く残しているようだ。例えば、

「治大国若烹小鮮」

大国を治めることは、小鮮（小魚）を煮るのに似ている。つまりとろ火で無理せずにやらないと、途中で箸《はし》でつついたりすれば煮崩れてしまう。

祖父が終戦内閣を任された時のやり方は、まさにこれだったと思う。戦争をいかに収めるか。その大きな目的のためには小事には忍耐で切り抜ける。祖父は老子の思想をより深く理解しようとし、終生の座右の銘にしていた。

後に首相官邸が爆撃を受けて、居住していた和室が焼失してしまった時、『老子』も失ってしまった。祖父は私の兄に頼んで、本郷の古本屋から『老子』を買ってきてもらい、最期のときまで手元に置いていた。

ここで私の名前についてだが、道子という名前は祖父が付けてくれたものだった。道徳にかなった人になってほしいから？　いやそんな陳腐なものではないような気がすると長いこと思っていたが、ある時これだ！と分かった。

それは一九七六年だったと思う。アメリカからマイケル・フランクスというシンガー・ソングライターが初来日したときだった。囁《ささや》くような暖かい歌声と作品は、洗練された知性にあふれ、とても新鮮だった。

彼はセカンド・アルバム『アート・オブ・ティー』を携えてやってきた。以来彼とは親しくなったが、記者会見の時に『ザ・ブック・オブ・ティー』を読んで自分は東洋の文化や思想に影響されたと言っていたのがきっかけだった。

『ザ・ブック・オブ・ティー』は岡倉覚三（天心）がボストン在住の時、外国人に日本文化や思想について知ってもらいたいと英語で書いた本で、その和訳が『茶の本』（村岡博訳）だった。

その中に「道教と禅道」という章がある。道教の始祖は老子。そして道教の中心にあるのが「道」であり、宇宙変遷の精神である。新しい形を生み出そうとして絶えず巡り来る、永遠の成長である。宇宙の気であり、その絶対は相対的なものである、という。私はすっかり感心してしまって、「祖父はすごい名前をつけて下さったものよ」と、ひとり感動したものだった。

御所から頂戴した新年の和菓子

正月二日は毎年親戚が大勢集まり、奥の和室二部屋の襖《ふすま》を取り払って大広間にして、新年会が賑やかに行われた。

料亭「大増《だいます》」の仕出しか、中華料理のときは「北京飯店」だったかが出張してきて、美味しいご馳走をこしらえてくれた。

またお正月の楽しみは、祖父が御所に参賀に伺って頂戴してきた和菓子をみんなでいただくこと。確かぼたんの花をかたどった立派なものだったと思う。十センチくらいはあったか、紅で彩色した大きな練切りを切り分けて皆でいただく。

「残月」にしても、御所のお菓子は羊羹《ようかん》で有名な虎屋が作っているのだった。市販のものとはやはり大きさとこくが違う。御所のお菓子は本当に美味しかった。銀のボンボニエールに入った金平糖も、昔はちゃんと芯にケシの種が入っていた。

御所から頂戴したもので、美味しいものはほかにもあった。大ぶりの「ピン」だ。市販のはなびら餅とはちょっと違う、むしろ北京ダックに近いような味がした。丸く薄く延ばしたお餅の皮を半月に二つ折りにして、間に甘味噌と鴨、葱《ねぎ》、ごぼうを挟んだものを、祖母が火鉢で温めて下さったのも懐かしい。

御所からの頂き物では恩賜のタバコが有名だが、父はタバコもお酒も飲まないので、支那事変（日中戦争）に出征した時部下たちに白い箱ごとあげると、兵隊たちは大喜びで一服ずつ回し吸いをしていたという。タバコの種類は紙巻きだけでなく葉巻もあったようだ。近年はタバコの害が言われるようになり、皇居で下賜される記念品は確かお菓子に変わったと聞く。

祖父の好物は特にあったのかどうか分からないが、水雷鍋というのをいただいたことがある。豚肉と大根を味噌味で煮た鍋料理で、名前からして海軍のメニューに違いない。同様にごぼうも入れた味噌味の猪《いのしし》鍋も丸山町でいただいた。

いつ行っても文明堂のカステラがあったし、岡山の大きなグリーンの葡萄、アレキサンドリア（マスカット）もよくいただいた。ほかには村上開新堂の洋菓子も忘れられない。前橋名物の片原饅頭は祖父がよくおみやげに買って帰った。

祖父の朝食はオートミールが多かった。わが家でも朝、時々オートミールが出されたが、熱いミルクとお砂糖をかけた朝食は嬉しかった。最近はやりの細かく砕いて、牛乳をかけて食べるオートミールとは全然違う。全粒でよく煮てから熱いうちにいただくものだった。

笑顔の外出姿は、いずれも多磨霊園への墓参と思われる。大好きな祖母、祖父、母、兄の哲太郎と一緒。祖父の膝の上も道子のお気に入り＝（提供・著者）

天皇陛下が一汁二菜と質素なお食事であることに準じて、祖父も特別なとき以外は一汁二菜で通した。和食の時は分厚い紅鮭が出たのも思い出す。というのは、小学生の時、母が入院して一週間くらい丸山町で過ごしたことがあり、お弁当を開けてびっくり。我が家のお弁当のおかずより倍も厚い大きな紅鮭がでんと入っていたのだ。当時、学校給食などはなかった。

祖父は酒類はたしなんでも強い方ではなく、すぐに顔が赤くなった。誕生日が十二月二十四日のクリスマス・イヴなので、よく鶏の丸焼きをいただいた。七面鳥ではなかったように思う。近年私が家でクリスマスの食事会をするときは、友達に無類の七面鳥好きがいるので、必ずターキーを出すことにしている。でも、あれはアメリカの習慣。イギリスでもクリスマスには食するが、世界的ではないのだろう。

食にまつわる祖父の話というと、ある方が「閣下、ふぐは美味しいですよ。ぜひ一度ご一緒に」とおっしゃった。すると祖父は「舌先三寸で、命のやりとりはしません」と、やんわり断ったのをなぜか覚えている。

疎開を嫌がる私に祖父は……

「若い人は次の時代を築いて」

祖父の思い出の中で最も重要なのは、終戦の年、昭和二十（一九四五）年五月のことだった（終戦についての出来事は、後ほど第五、六章で詳しく書くことになる）。

このころ米軍の空襲が激しくなり、学童疎開に続いて学徒動員も盛んになっていた。私は三月に母の妹、みえ叔母様の嫁ぎ先である茨城県古河市にある大きな武沢病院へ縁故疎開した。

私が家を離れて間もなく、巣鴨の家は焼夷弾の直撃をうけて焼失した。母を真ん中にして父と兄が三人手をつないで、命からがら逃げ延びたと母から聞いた。私がいたら足手まといになり、どうなっていたことか。

古河では地元の学校に通い、途中から軍需工場に徴用される日々を送っていた。飛行機のエンジンに使うベアリングの検査が仕事だった。

そこへ母校・東京女子高等師範学校附属高等女学校（現お茶の水女子大学附属中学校）から一、二年生は勤労動員で秋田県へ学校疎開するから参加するようにという通知がきた。二年生だった私も参加することになり、五月にいったん東京に帰ってきた。

その時にはすでに祖父は総理大臣になっていたので、丸山町の家から首相官邸へ出向き、総理になった祖父に初めて会い、懐かしさと共に手を握りながら「ご苦労様でございます」と挨拶した。

その後、頑丈に作られた地下壕はじめ官邸内を案内してもらった。

なぜか表玄関の前庭に咲く真紅のバラに魅入られてしまい、じっと見ている間に、秋田には行きたくない、もうどこへも行きたくない、このまま東京で家族と一緒にいたいという思いが胸にあふれてきた。

母にその旨を告げたのだろう。駄々をこねて「行かない」と言い張る私を説得できず、困った母は祖父にその役目を頼んだのに違いない。祖父は私を呼んで、

「道子はお友達と一緒に秋田へ行きなさい。若い人は安全な場所で暮らさなくてはいけない。次の時代を築いていってもらわなければならないからね」と静かな口調で、私を諭した。

私は「ああ、次の時代があるのだ」と初めて知った思いだった。そして「おじいちゃまは戦争を終わらせようとしている」と悟った。

私は一〇九人の生徒と九人の先生方とともに、秋田県由利郡石澤村（現由利本荘市）へ旅立った。

大きな恩を受けた懐かしい石澤の地名は、今はもう残っていないが、羽後本荘駅からかなり内陸に入ったところで、私たちはトラックの荷台に乗って村に向かった。東北地方きっての米どころで

あるのは知っていた。目の前に広がる田園風景のなかに点在する農家は藁葺《わらぶ》き屋根ではなく、瑠璃瓦《るりがわら》のような艶のある黒瓦屋根の家ばかりであることにびっくりした。

　私たちは村で唯一のお寺、大蔵寺に合宿するはずだった。しかし、台所、お風呂すべてを大人数用に直さなければならないのだが、熟練の大工さんたちはみんな戦地に行ってしまい手薄だ。完成までの間、分宿となり、数人ずつ分かれて預かってもらうことになった。私たちは集落ごとにトラックから下りていった。

　私は一番初めに上野《うわの》というところで降りた。二年生二人と一年生十九人に先生二人。分宿としては大所帯で、石澤村の村長・猪股徳園さんのお宅にご厄介になった。立派なお家で、京都の苔寺のような美しい苔庭もあり、お蔵の扉を開けると中は西洋館で美術品がいっぱい。奥の座敷には高村光雲の大きな木彫座像が二体あった。

　多分パトロンでもあったのかもしれない。小高い徳園山も含めて大地主であるだけでなく、いわゆる地方の文化人だったのだろう。その後、大きな人柄には感心させられたものだった。

　疎開にまつわる出来事としては、こんなこともあった。

　村に「英霊」が帰ってこられ、小学校の講堂で慰霊祭が行われた。その時、和歌を作り献歌するようにと私は先生に言われた。ところが読み上げる段になったら、長い間床に正座していたので足が痺《しび》れて歩けず、その場で立ったまま読み上げ、友だちに祭壇まで持って行ってもらった。

　また、母の布美が突然終戦の前の日に訪ねてきたのも驚きだった。

　祖父は長男の嫁である母をとても可愛がっていた。

「お布美さんは道子の所へ一度も行ってないでしょう。会いに行っていらっしゃい」と祖父に言われて送り出されてきたのだった。

終戦を決めれば、いずれ暴徒が自分たちを殺しにくることを予感して、母を逃がしたのに違いない。母は気丈な性格だっただけに、祖父はかえって心配だったのだろう。

第二章
鈴木家の人々

泣き虫貫太郎

漱石、子規と同じ慶応三年の生まれ

祖父の故郷は千葉県の関宿《せきやど》（現野田市関宿町）なのだが、生まれたのは大阪府堺市で、当時は泉州久世村伏尾《くぜむらふせお》の久世家陣屋だった。

貫太郎の父・由哲《ゆうてつ》が関宿藩の飛び地に代官として赴任していた時で、慶応三年十二月二十四日に生まれた。新暦（西暦）に直すと一八六八（明治元）年一月十八日生まれとなる。母親の名は、きよ。同じ慶応三年生まれには夏目漱石、正岡子規がいる（西暦では二人とも一八六七年生まれとなるが）。

江戸幕府から明治政府へ、まさに維新の動乱期だったことを考えると、二・二六事件、終戦の難業も含め、波乱に満ちた生涯の始まりを暗示しているように思える。

八人姉弟の中ほどで、上三人は女子。よね、くら、けいと続き、貫太郎は待望の男子だった。両

曾祖父・由哲、曾祖母・きよを中心に家族が勢ぞろいした。明治28（1895）年6月、日清戦争凱旋記念＝（提供・著者）

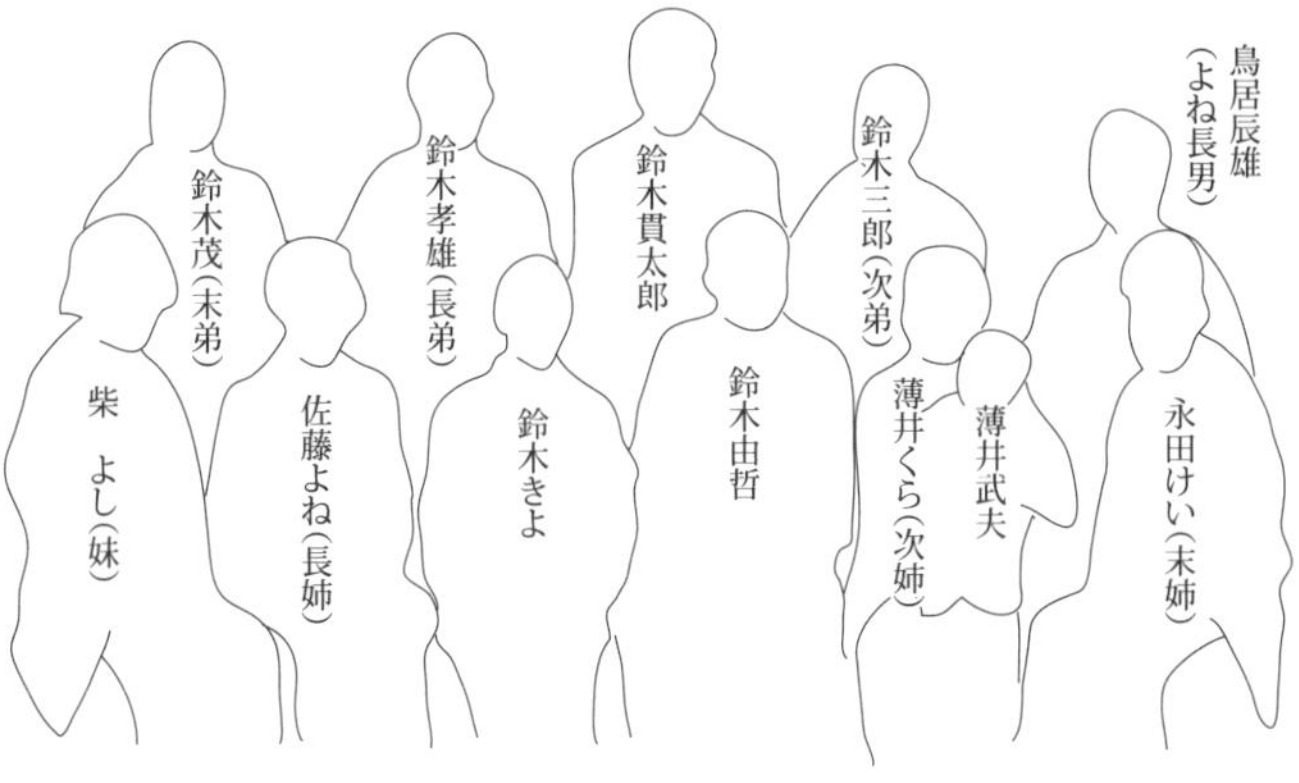

親が大和国（現奈良県）の高野山真言宗の寺・信貴山多聞院に参詣して、男子を授かりますようにと祈願した。その甲斐があったのか、めでたく初めての男子が生まれた。その後は孝雄、よし（女子）、三郎、茂と続いた。なかでも二歳年下の孝雄とは特別の兄弟愛で結ばれ、その関係は終生変わらぬものがあった。

少年時代から貫太郎は体が大きく壮健だったのだが、なんと泣き虫で有名だった。泣き声がまた大きかったので、「あれ、また貫ちゃんが泣いている」などと近所の小母《おば》さんたちに言われて、ついに「泣き貫」と呼ばれるようになってしまった。それが後述するように「鬼貫」となるのだから、大変な変わりように違いない。

貫太郎が学校へ行くとガキ大将やいじめっ子たちにかまわれて、泣きだすことがしょっ中。弟の孝雄は、「兄とは反対に強情で、腕白で、暴れ者であった」と自称している。実際、結構な腕白だったので、兄の泣き声がするとすぐ飛んでいって、いじめっ子たちをやっつけたという。孝雄は学校へ上がる前からボディーガード役になって兄を守っていた。

貫太郎は、危うく死にそうになったことが度々あった。後の二・二六事件や、終戦時も含めて、少なくとも八回は危ない目に遭っている。

最も小さかった時のエピソードとして、三歳（数え年）の時の「命拾い」がある。

父・由哲一家が任地泉州から江戸へ帰ってくる途中、一家はお伊勢参りをすませ、大井川を渡って島田宿でのこと。母や姉たちは駕籠《かご》で、貫太郎は父親が乗る馬の前鞍《くら》に乗せられて旅をしてきたが、昼時に一休みということになった。窮屈な鞍《くら》からやっと解放されたこともあって、道の向こう側に干してある黄色い繭玉《まゆだま》の美しさに魅入られ、チョコチョコ走っていったまではいいのだけれど、道の真ん中で転んでしまった。

　そこへ街道一といわれる悍馬《かんば》が駆けてきたので、皆があわやと固唾《かたず》を飲んで見守る中、馬はさっと貫太郎を飛び越えて走り去った。由哲は大いに喜んで、鯛を一匹買って、周りの人たちにも祝い酒を振る舞ったという。八回のうち、これが最初の命拾いだった。

　ついでの事に、死に損なった話となると、七、八歳の時、母親から川に行くのを禁止されていたのに、四月のある日友達と魚釣りに出かけた。関宿の神橋《かんばし》の「入り堰《せき》」という所で、堰の扉の上にのしかかるようにして釣りに夢中になっていると、突然ガクンと扉が下りたので転げ落ちて、水のなかへ投げ出されてしまった。

「泳ぎは知らないし、スーッと下へ沈んで行くし、上を見ると水は濁って真っ赤に見えるし、とっさの間ではあるが、地獄の底にでも吸い込まれるような思いだった。（中略）助けに入ったらこっちが危ないから、かまわんで放っておけと年上の子供はいうし、どうかして救ってやれというものもあるし、そんな言葉が一生懸命水の中にもがいている私の耳に飛び込んで来た。子供ながらも一念というものは恐ろしいもので、それでも、とうとう一間くらいを泳いで岸に匐《は》い上がり、友だちが引き上げてくれた」

と『自伝』にリアルなタッチで描いている。

　その後、この話を聞いた父親は叱りもせず、川に行くお許しを出したとか。そして泳ぎ方も教えてくれたという。

海での命拾い

それから後は海軍時代が四回。少尉の頃、軍艦「天城」に乗って三河湾の武豊《たけとよ》に入港の際に岸壁に乗り上げてしまった。船を浮かせるために重い錨《いかり》を取りはずすことになったのだが、錨のすぐ側にいた貫太郎は「あっ危ない！」と思う間もなく錨ごと三十尺、十メートル近くも下へ持っていかれてしまった。危うく錨と心中するところを助かったという。

「天城」も具合よく危機を脱出したので、貫太郎のために「蘇生会」が開かれ、一同は大いに飲んだくれたそうだ。

また海軍大学に入る前年、金剛に乗艦中のこと、皆はお伊勢参りに行き僅かな人数で留守番となった。初秋の夜は澄み渡り、月に誘われてフラフラと艦尾に突き出た砲台の鉄格子の上に座って涼風に吹かれていい気持ちになっている間に眠ってしまい、フト目が覚めて立ち上がった拍子に、いやというほど大砲に頭をぶつけて重心を失い、真っ逆様に海中へ。

潮の流れは早いし、やっとの思いで艦尾にたどり着き、デッキに這い上がった。

するとブリッジに信号兵が立っている。

「オイ、我が輩の海に落ちたのを気がつかんか」と怠慢を叱ると、「航海長、落ちましたか、先ほど後ろの方でボチャンという音がしたと思いましたが、何か判らぬのでした」という呑気な答えだったとか。

翌朝には皆に知れ渡り、大笑いになってほうほうの体だったという。航海中は涼をとるうちに海へ落ちて救助される兵もしばしば。時には誰も知らない間にとうとう行方不明に終わることもある。貫太郎が助けを呼ばなかったのは、どうにも男らしくなく声が出なかったそうだ。

ここで「我が輩」という言葉を少し説明しておきたい。

祖父が「我が輩は新聞記者が大嫌いだ。嘘ばっかり書く」などとぼやいていたのを覚えている。夏目漱石の『吾輩は猫である』などは、ちょっと偉そうに言ったかに思っていたが、祖父の時代の男の人は、案外普通に一人称として使っていたのだろう。

日清戦争（明治二十七年勃発）の時には大尉で水雷艇々長として活躍したが、自分も部下も一人も死傷者を出さなかったという。旅順陥落に次いで威海衛《いかいえい》の戦いがあった。攻めるに当たっては、港口に多数敷設された防材の切れ目がどこなのか、敵艦船の出入り口の位置を探る任務を命じられた。

そこで夜陰に乗じて港に近付き、出入り口を発見できたものの、敵に発見されて猛烈に発砲されたが、当時の水雷艇は十六人乗りの小型だったので弾丸は当たらず、無事任務を果たして帰隊した。

それに先だって部下に、誰一人決して怪我をさせないから、安心して勇敢に行動するようにと訓示したのだが、果たせるかな無傷だったので、皆はなぜあのような予言めいたことを言ったのか不思議がった。貫太郎としては、損傷を受けるような下手な戦いはしないと心に決めたものがあったと語っているが、やはり天祐に違いない。

海軍時代に戦闘以外で命にかかわる事件はまだあった。
日露戦争のとき、駆逐隊司令に登用され駆逐艦「不知火」に乗ることとなった。貫太郎は以前から独自の魚雷戦術を持っていて有名になった。早く言えば接近戦だ。夜陰に乗じて敵艦の近くまで迫り、魚雷を発射する。近くからだと当然、命中する確率が高くなるが、それだけ危険なことは分かっている。勇気も必要。とともに、小さな魚雷艇は砲撃をかわしやすいというのが、貫太郎の水雷術だった。

この持論を曲げずに主張して、「鬼貫」と言われるようになっていた。

そんなある夜、午前四時まで起きて哨戒していたが、一旦船室に入って七時まで仮眠をとることにした。あまりの寒さに部屋には炭を起こしてくれていた。ぐっすり寝て眠いながら定時に起きたはいいが、体が思うように動かない。やっとの思いではい出して外へ出た。そして、杉浦少尉と一言交わした後、ぱったり倒れて意識不明となってしまった。一酸化炭素中毒にかかっていたのだった。

みんなは人工呼吸を施したり大変だったが、無事蘇生した。「私はどうかしましたか」と聞くと、「司令は今まで死んでおられましたよ」と船長。「死んでおりましたか」と祖父が答えたので、みんなドッと笑った。まったく危ういところで「戦死」をまぬかれた。もう少し眠っていたら蘇生しなかっただろう。やっぱり祖父は運が強い人に違いない。

貫太郎の生い立ちの話から先走って、随分脱線してしまった。

さて、明治五（一八七二）年に一家は郷里関宿に帰り、貫太郎は久世小学校（現在の関宿小学校）に通い始めた。しかし貫太郎の父由哲は子供の教育を第一に考えて、よりよい学校に通わせたいと思い、奉職先を群馬県庁に決めた。そして前橋に転居。貫太郎は桃井《もものい》小学校へ転校した。

当時の小学校は八年制で、優秀な者は飛び級が許された。鈴木家の者は多くが飛び級で卒業している。卒業後には貫太郎兄弟は赤城山下の県立群馬中学へ進学した。当時は利根川中学校といったが、校長は水戸の碩学、内藤耻叟《ちそう》先生で後の帝国大学教授（歴史・文学・哲学）として著名人となった学者だった。

ここで当時の学校教育について興味深いことがあるので、記しておきたい。中学の教科書は、アメリカの小学校読本の翻訳だった。また、英語のリーダーにはアメリカの自由共和の演説が書かれてあったり、パトリック・ヘンリーの思想がそのまま最高の道徳と思って学んでいたりした。みな辞書片手に一生懸命解読に努めたので、内容を深く探るところまでは至っていなかったようだ。

その一方、漢学の先生からは『日本外史』、『日本政記』などを教わり、『十八史略』などは小学校のときに読み、毎日一冊ずつ読破していたとか。

チグハグなところはあるが、子供の基礎教育としては、今に比べてかなり高度な教育だったに違いない。ついでながら海軍兵学校では西洋人が英語で授業をし、砲術運用術なども英語で講義していたので、加藤友三郎大将などは英語が達者だったが、貫太郎の時代になると翻訳本となり、英国人教師もいなくなったこともあって、先輩たちの方が総じて英語が達者だったという。

由哲文庫に二万冊の蔵書

三回の家出

ここで貫太郎の父と母、私にとっては曾祖父と曾祖母のことをあらためて紹介しておきたい。
曾祖父の名は由哲《ゆうてつ》。

私が生まれた時には既に他界していたので実際に会ったことはない。だが、巣鴨の家の八畳間に大きな額が二つ、曾祖父と曾祖母の写真が並んで掲げられていたので、小さい時から見て知っているような親近感がある。

通称「ゆうてつ」だが、後年いろいろ調べていったら、貫太郎の回想記に「よしあきら」とルビがふってあるものを見つけ、はじめて正しい読み方を知った。さらに「昔の武士らしい人物で、文武両道を相当に修めていたようでした。また非常に寛大な心の広い人で、めったに怒りを発するということがありませんでした」と書かれていた。

子どもたちを叱ることもほとんどなく、もっぱら妻にまかせていたが、ただ一度だけ、人に物をやるのを惜しんだというので、そのようなケチな根性を持っていてはいけない、とひどく叱られた思い出を貫太郎は語っている。

由哲は天保四（一八三三）年生まれ。大正六（一九一七）年六月二十一日没、享年八十四。

由哲は時代劇にも老中として登場する久世大和守の藩士倉持家の三男として生まれた。五歳くらいで同藩士鈴木家の養子となり、その折に幼名の為之助から由哲に改名した。少年時代、三度も家出をしている。

外国艦船が日本にやってきたことに刺激されて広い世界が見たいと、まず江戸を目指したのだが、いずれも連れ戻されて失敗に終わった。

「もしそのまま行方不明となったら、だれが鈴木家を継ぐのですか」と叱られて、以後は家出をあきらめたという。そうした思いは、世界を見たくて海軍を目指した私の祖父・貫太郎と一脈通じるところがあったと感じ入ってしまう。

由哲は体格も立派で武芸に秀でていたようだ。殿様の駕籠の護衛役などもしていたらしい。田口俊平という人に西洋流砲術を学び、大砲頭取という指南役もしていた。

また相当な読書家であり、二万冊はあったという由哲文庫という建物が関宿の住まいの向かい側にあったのを記憶している。しかし中には兵法の本も少なくなかったので、終戦後、ＧＨＱ（連合国軍最高司令部）などにあらぬ疑いを掛けられたりすることがあってはいけないと処分したものもあったとか。そしていつの間にか跡形も無くなってしまった。

由哲は元治元（一八六四）年、久世一万石の領地に代官として赴任。名代官といわれて広く慕われたという。そのエピソードは色々あるが、代表例を一つ。

領内巡視の道すがら、代官様のお通りということで、皆が道を開けてお迎えした。ところが、一人の農民があわてて担いでいた肥桶を落としてしまい、汚物が代官の袴の裾にかかってしまった。真っ青になった農民はどんなお裁きがあるかおろおろしている中を、由哲は黙って側の川原へ下りて行き、自分で汚れを落として戻ってきた。首が飛ぶかと恐れおののく農民に、「人は誰でも過ちをおかすもの。汚れはきれいに洗ったから、もうよいよい」と言って立ち去ったと伝えられている。

当時は徳川幕府と勤皇志士が戦っていた時代。倒幕の官軍が堺に駐屯したので、由哲は家族が危険と思い、妻と子ども四人を庄屋の中辻家に預けた。

「私に何事かあったら、女の子三人には一人ずつ若党をつけて、お前（妻）は男の子を連れて関東へ帰りなさい。二百両の小判は旅費にせよ」といって手配りをした。

幸い官軍がそのままでよいと許したので、何事もなく代官として久世村に尽くし、明治二（一八六九）年に一家で引き上げた。前述したが道中は駕籠と馬だったという。

関宿へは直行せず、江戸の小石川関口にある久世山の屋敷で三年間過ごした。弟の孝雄はここで生まれている。

明治五（一八七二）年、一家は郷里の現千葉県野田市関宿町へ帰った。そして今の千葉県庁にあたる役所に勤めたが、群馬県庁ほかからも話があり、子供たちの教育を考えて、一家は前橋に転居した。貫太郎はここの桃井小学校に通った。そして群馬中学二年生のときに海軍への道を行くことになる。

由哲一家は約十年間前橋にいて関宿へ帰り、由哲は隣り村二川村村長や関宿町長を務めて退職。無理にもと乞われて大正四、五（一九一五、一六）年の頃、八十代で再び関宿町長となった。町内の大整理と地元の小学校を建てるという事業が主目的だった。

由哲は、その頃すでに病に冒されていた。

大正六年五月、貫太郎が海軍次官のときに、上京してきた父親に会った。あまりに顔色が悪いので、海軍の本多軍医局長に診て頂いたところ、癌の疑いがあり、しかも相当進んでいるとの診断だった。しばらくは休養の必要があるというので、いったん関宿に帰って仕事を片付けてから上京することとなった。町長の役も助役に引き継ぎ、これですべて心配はないと安堵したという。

最後のご奉公だった関宿小学校の落成式も無事行われたことが報告された。本人も死期を悟っているようだから、あとは苦しみのないように――。それが皆の願いだった。

亡くなる前日、一同を枕元に招き、

「貫太郎は海軍中将となり、孝雄も間もなく陸軍少将になるという。三郎は台湾総督府事務官、茂は歩兵大尉で陸軍大学校の副官。いずれも高等官である。娘たちも他家へ嫁ぎ幸福に暮らしている。もう現世に思い残すことはない」と、満足した穏やかな表情で話した。

そして明朝の潮時はいつかと聞いて、午前五時と答えると、「そうか五時頃か。ああ天なるかな、命なるかな」と、口元に笑みをたたえながら目をつむった。

果たして五時近くに危篤状態となり、正午頃に大往生を遂げた。大正六年六月二十一日、享年八十四。幼少時代から多くの教えを受け敬愛していた父の死は、貫太郎にとってことのほか喪失感が大きかった。貫太郎は声を殺して涙したという。告別式の後、改めて葬式が郷里の関宿で、町全体の参列で盛大に行われた。

由哲は折にふれ子供たちにいい教えを残している。貫太郎が最も早くに記憶している教えは、「人間は怒るものではないよ。怒るのは自分の根性が足りないからだ。短気は損気ということがある。怒ってすることは成功しない。皆自分の損になるばかりだよ」という言葉である。

父由哲と出かける道すがらに話した言葉もよく覚えていた。

「名利を貪《むさぼ》ること勿《なか》れ」

「己の力量相応に活動して、信を失うような行動は慎め」

「縁の下の力持ちとなりて、世を益せよ」など多々ある。

療養中、長男の貫太郎はじめ、兄弟の順調な成長ぶりを喜んだ。ただし、末っ子の永田茂は陸軍大学校の副官をしていたが、中佐で亡くなっている。

由哲の最後の戒めは「兄弟仲良くして相互に相励め」。

これは主に貫太郎と孝雄に対しての遺言だった。貫太郎は父を敬い、父の何気ない言葉や手紙でも己を深く反省したり、決心がついたりしたこともあったという。孫の私から見た貫太郎の器の大きさ、寛容なところは、父由哲から受け継いだものと思っている。

厳格で優しい、曾祖母きよ

「川崎に帰ってしまうよ！」


曾祖母には懐かしい思い出がある。

名前はきよという。

秋田にあった元大名の末裔で、足利市郊外の川崎村の旧家小野寺家の三女として天保八（一八三七）年に生まれた。

古河の土井家の分家で出城と呼んでいた所へ仕えていたので、その間に特に学問としてではなく、実地教育を身に付けたのだろう。相応の教育を受けた人のような節々があった、と貫太郎は「わが人となりし家庭　文武の道」という文章のなかで書いている。

きよは二十二歳の時、四歳年上の由哲に嫁ぎ、四男四女をもうけた。

私は幼いとき、貫太郎が侍従長をしていた官舎で曾祖母に何度か会っている。曾祖母は離れで寝

曾祖父・由哲、曾祖母・きよ＝（提供・野田市鈴木貫太郎記念館）

起きしていて、長い廊下をばたばたと走って会いにいくと、女の子としては元気すぎる足音を聞いて「坊や来たかい？」と言って笑顔で迎えてくれた。

広い座敷に一人、ふかふかの座布団に座った曾祖母は体も小さくなって、ぽつんと取り残されたようにしていた。その姿が子供心に感じるところがあったのだろう、侍従長官舎へ行ったときは必ず曾祖母に会った。時々誰かが様子を見に行ったりしていたのに違いないが、幼い私が顔を見せると喜んでお菓子をくださったりお話をしてくださったりしたのを思い出す。

曾祖母・きよは子どもには厳格な人だったようで、由哲が子どもたちに寛大で叱らない分、母親として家庭を一手に取り仕切り、子供たちもよく叱っていたそうだ。

子沢山《だくさん》でさぞ大変だっただろうと思う。兄弟喧嘩などは日常茶飯事。いちいち言い分などは聞いている暇はないので、喧嘩両成敗。時には心張り棒やハタキなどでカツを入れたり。

あまりにも手に負えないときや、ややこしい事になると、「川崎に帰ってしまうよ」などと言い放ったりした。川崎とは曾祖母の実家がある川崎村のことだ。

「泣き貫」の貫太郎などは、母の姿が見えないと、里の川崎村へ帰ってしまったのかと心配で、また泣いたりしたという。しかし、一方では兄弟喧嘩の最中でも母の姿が見えると、「おい、やめようぜ」と別々に退散することもあった。けれど叱っても後がさっぱりしていて蒸し返すことなどはなく、すぐに洗い流してしまう。大勢の子どもたちを公平に慈しみ、厳格な人であっても淡泊なところがあったようだ。

貫太郎は、いたずら小僧たちからある日、お金を持ってくれれば仲間に入れてやると言われて、母からなにがしかをもらって戻ると、お金だけをとられてしまった。さすがに「泣き貫」も怒って、履いていた下駄で、餓鬼大将を殴って帰ってきた。

するとガキ大将の母親が怒鳴り込んできて、「貫ちゃんが、家の子を下駄で殴って、怪我をさせたんですよ」と凄い剣幕だった。

しかし母はそのことを一言も言わなかった。陰でこの様子を聞いていた貫太郎は、どうしてだろうと不思議に思ったという。いつも泣かされているのだから、たまには殴り返すのもいいだろうと、かえってさばさばしたのに違いない。


子どもたちは、人格者だった父の性格と、母の厳しくも愛情溢れた躾《しつけ》や教育を大いに身に付けたのだと察せられる。

後年のことだが、私の父一と母布美が結婚するとき、式の日が仏滅に当たるというので、親戚一同が反対した。そのなかで、曾祖母きよだけは「別に仏滅だって関係ないでしょう」という意見だった。そのお陰で、二人は無事、結婚式があげられたというが、その当時でもつまらぬ因習には惑わされない、新しい考え方を身に付けていた人だとも思う。

ユーモアも持ち合わせていた。以下は『鈴木貫太郎傳』に記されているエピソード。

侍従長官舎の庭はかなり広く、あちこちに茂る植木や草花を見るのが好きだった。ある日庭に下りようとしていたので、祖母のタカが「お杖を」といってさしだすと、「まあ、おタカさん、杖なんて年寄りくさくて」と断った。すでに九十は過ぎていたが、「年寄りくさい」とは。

　また曾祖母が亡くなる少し前のこと、大分身体も衰弱してきているので、「お母さんは百までは生きて下さらなくちゃ」とタカが言うと、

「おタカさん、それならあと一年八か月しか生きられない勘定ですね」と不満顔をしてみせる。

「おやそうでしたね。それでは二百までと訂正致します」と謝ると、しばらく考えていたが、「二百だとすれば、子供たちに先立たれることになる。それでは心細い」と言う。そこで、

「それでは百五十にしましょう。それなら皆達者で、お母さんをお見送りできますから」と訂正した。

「それそれ、百五十ならいいね」と大変なご機嫌だった。

　貫太郎が帰宅してこの話が出ると「そうか、あと五十二年ばかりだな。それなら私もそのつもりで養生しますよ」と言い、一家で大笑いしたという。

　曾祖母・きよは長命で、貫太郎が侍従長だったとき、昭和九（一九三四）年十一月十三日、九十八（数え年）歳で他界した。

　大きな写真の額が二つ、巣鴨の家の八畳間に掛かっていて、曾祖父が右、曾祖母が左。前述のように私は子供の頃から見なれていた。侍従長官舎の二・二六事件現場の居間にも同じ写真が掛けてあり、息子の貫太郎を上から見守っていたことになる。

第三章

波乱の海軍軍人

関東出身者は、ただ一人

海軍軍人を夢見て

さて、貫太郎、海軍の道へ――。

祖父は新聞で、海軍の艦がオーストラリアに入港して大歓迎を受けた記事を読み、海軍に入れば外国に行けると夢見るようになった。しかし、父親は長男を医者にしたいと願っていたので、最初はお許しが出なかった。一年後、再び海軍兵学校の募集広告を見つけて、どうしても海軍に行きたいと訴えた。由哲も子供時代に外国船渡来に刺激されて、見に行きたいと家出をしたくらいだった。子どもたちには広い視野をと願っていたし、長男の希望が固いことを知って、ついにお許しが出た。母親の口添えもあったようではある。

だが周囲の人たちも、海軍に入ることには賛成ではなかった。当時は藩閥政治が幅を利かせ、とくに軍隊はあからさまだった。

「陸軍は長州、海軍は薩摩」といったありさまで、関東の、しかも賊軍出身では立身出世の余地がないと言われた。

そんな反対もある中、祖父は中学を二年余で中途退学して上京、近藤塾として知られる攻玉社に入学した。ここは予備校のようなところで、翌年、海軍兵学校の入学試験に無事一度で合格した。


明治十七（一八八四）年、海軍兵学校へ入学。十四期生となった。

三クラス、全生徒百十八人の中で関東勢はただ一人だった。翌年は五人入学、少しずつ増えてはいったが、まだまだ薩長時代が続く世の中だった。

当時の海軍兵学校は、平成三十（二〇一八）年まで市場があった築地にあり、広大な敷地には海軍省もあって、築地一帯は海軍の発祥の地といえる。

海軍兵学校では厳正な教育を受けた。イギリスから派遣された教官は人格的にも優れていたようで、後進国である日本を蔑視するようなところはなく、誠実に教育に専念してくれたことは幸いだった。

大先輩の加藤友三郎大将や一年先輩までは、授業も英語で行われ、砲術運用術なども英語での講義だった。兵書も原文で学んだので、英語が達者な方たちが多かったが、貫太郎の時からは授業も日本語、邦訳によるテキストで学ぶことが多くなり、英語はあまり上達しなかった。祖父はむしろドイツ語の読み書きが達者で、会話は後の駐在武官時代に学んだので強かった。

いずれにしても日本海軍はイギリスに負うところが多く、海の上でもイギリス海軍の援助や好意で事がスムーズに運んだ場面も度々だった。

当時、世の中は平穏で、戦争などあるのだろうかと思っていたところ、明治十七年清仏《しんふつ》戦争が起こり、フランスが福州を攻撃した。「戦争なんかあるかないか解らぬ、千載一遇の機会だから是非見学にやって貰いたい」と二年上の級が学校に願い出たが、許されなかったという。

海軍兵学校は三年間で卒業した。早速練習艦「筑波」に乗り組んで、初めての遠洋航海に出た。東京湾から真っ直ぐサンフランシスコへ、サンディエゴ、メキシコのアカプルコ、パナマ、タヒチ、ハワイを回って横須賀へ帰ってきた。

軍艦といっても当時は木造の古い船で、洋上はもっぱら帆を張って風の力で航行して、港の出入りだけは蒸気機関を使った。

初めて見る外国には目を見張ったに違いない。アメリカはいよいよ発展している最中であることが分かった。隆々たる活気に溢れていた。それに反してメキシコはかつて築いた文明も、スペイン侵略後は顧みられずに、退廃の気配さえ感じられたという。

パナマ運河はまだ開墾が始まったばかりで、多くの支那人（中国人）労働者がマラリアでばたばた倒れて行く現状は痛ましい。それらを克明に報告した。遠洋航海では軍艦の実際の操舵を学び、寄港することで視野が広がり、世界情勢にも通じる。各国の特徴や事情、栄枯盛衰などを直接自分の目で見てくることは、次代を背負う若い海軍士官候補生にとって貴重な体験だった。そしてうかうかしてはいられないという緊張感や、しっかりした精神ができるものだ、と貫太郎は記している。

酒にも船にも弱い海軍少尉

明治二十一（一八八八）年八月、海軍兵学校は築地から江田島に移った。翌年、祖父は海軍少尉に任官。「天城」の分隊士から「高雄」の分隊士となった。艦長は山本権兵衛大佐（のちに大将）だった。日常は非常に厳格でありながら、暇な時は若い士官と冗談をとばしながら気さくに対する人柄に、祖父は魅了されるところが多かったという。

次いで水雷術練習生となる。ここでの教育も教室での机上の戦闘ではなく、すべて軍艦に乗り組んで実地で行われた。その後大尉に任じられ、水雷隊攻撃艇長となった。

祖父はお酒にも弱かったけれど、海軍なのに船にも弱かった。よく船酔いに苦しんだという。貫太郎は狭い艦内に閉じ込められた閉塞感と、暇をもてあまして、もう辟易《へきえき》だった。しかし、こういう時こそ本を読もうと一念発起して読書に励んだ。英文の原書、翻訳本、漢文など古今東西の兵法をみっちり学び、果ては艦隊の有利な戦闘陣形について意見書まで書き上げたという。

日清戦争

当時朝鮮は「東洋の火薬庫」と言われていて、国際的立場は微妙なものがあった。清国は朝鮮を属国とみなしていたし、隣国である日本とは昔から紛争が絶えず、ロシアもまたアジアに不凍港を求めて朝鮮を視野に入れていた。

明治二十七（一八九四）年、朝鮮の農民暴動を鎮圧することが発端となって、日清戦争が始まった。

水雷艇隊艇長として旅順攻略に出動。主に監視役だったが、初陣で地形を読み違えて旅順港正面に出てしまい、いきなり攻撃される失敗もあった。だが運よく損害はなかったようだ。

翌二十八年、下関条約締結によって終戦となった。条約の要点は三項目。

一、清国は朝鮮の完全独立を認めること
二、遼東半島、台湾、澎湖列島を日本に割譲すること
三、軍費賠償金として二億両（約三億円）を日本に支払うこと

日本国内は勝利に沸き返った。賠償金は当時の日本の国家予算のおよそ三・三倍。「戦争に勝てば儲かる」といった見方が生まれ、以降軍部が戦争に向かう姿勢が強くなっていくことになる。

一方、外国からは即座にロシア、ドイツ、フランス三国から抗議が出た。

「遼東半島を日本が所有することは、清国首府を危うくする恐れがあり、かつ朝鮮の独立を有名無実にするもので、将来極東永久の平和に障害となるから、遼東半島の領有を放棄せよ」というものだった。

特に大国であるロシアは要求を飲まなければ軍事に及ぶかもしれないと威圧し、日本はこの「三国干渉」を受け入れ、遼東半島を清国に返還した。この際、清国には、さらに賠償金三千万両を上乗せさせた。

貫太郎は功五級金鵄勲章と勲六等瑞宝章が授与され、かつ海軍部内で「鬼貫太郎」「鬼貫」と異

日清戦争当時の貫太郎＝1895年（提供・朝日新聞社）

名をとるようになった。「泣き貫」から大きく様変わりしたものだ。

同じ頃、測量船に乗って台湾へ行っている。

当時はまだ周辺の海図も地図もなかった。台北の銀座にあたる街を見物していた時だった。何やらプーンと異臭がする。すると一緒に歩いていた僚友が、「煙草を吸いながら歩けば臭みは感じられなくなるよ」と言ったので、初めてシガーを吸った。それが葉巻に病みつきになったきっかけだった。一日五、六本は吸うようになり、あまり本数が多くなると体によくないと言われるほどになり、自重するようになったが、すぐに貫太郎と葉巻は有名になった。

思い出すと太平洋戦争末期、葉巻がもうなかなか手に入らなくなった頃、祖父は短くなった葉巻に楊枝を差して、最後まで吸っていた。

結婚して陸に上がる

突然、祖父に縁談が持ち上がった。花嫁候補は大沼トヨといい、同じ「比叡」に乗り合わせた機関長、大沼竜太郎の妹で、代々会津藩の家老職にあった家の直系、いわゆる名門出だった。

紹介者は日清戦争で常備艦隊参謀長だった出羽《でわ》重遠《しげとお》大佐で、大沼竜太郎の姉が出羽重遠夫人。その妹トヨを推薦したのだった。トヨは明治十三（一八八〇）年十月六日生まれ。

貫太郎は両親の承諾を得て、明治三十（一八九七）年一月、出羽大佐の媒酌で華燭《かしょく》の典を挙げた。数えで新郎三十歳、新婦十七歳。

トヨは大変美しかった。私の父のずっと後の思い出話によると、女優の大原麗子によく似た、と

道子の曾祖母・トヨ＝（提供・著者）

ても優しいお母さんだったという。ちなみに貫太郎の長女で伯母のさかえは、襟足を深く抜いた着物姿など、まるで浮世絵から抜け出たような日本美人だったし、私の父と仲のよかった妹、叔母のミツ子は、色白の姉と違ってちょっと浅黒い西欧的な美人だった。父は貫太郎似だったが、二人の姉妹はトヨから受け継いだＤＮＡが強かったのかもしれない。

貫太郎・トヨの二人は、神楽坂に近い牛込榎町に一軒家の新居を構えた。暮れからの休暇一か月が新妻との蜜月だった。

三月、山本権兵衛のすすめで難関の海軍大学校に入学した。そして翌年暮れにはもう卒業。ただちに軍令部第一局局員兼海軍省軍務局軍事課に配属された。

陸に上がって家族とは過ごせるようになったが、超多忙な日々が始まる。翌三十二年二月から軍事課専任となり、かつ陸軍大学校兵学教官、海軍大学校教官、学習院教授兼務を次々に委嘱された。毎日兼任で走り回るのは、本当にくたくたの日々だったという。

明治三十四（一九〇一）年、ドイツ駐在武官を命じられた。

「ドイツ海軍の教育を調べよ」というのが命題だった。

家庭のこととなるが、妻トヨはそのとき身重で、長男一を身ごもっていた。留守にすることは気掛かりではあったが、命令であり、またとないチャンスでもあったので、いそいそと出立した。

貫太郎はドイツ語の読み書き、聞き取りは不自由なかったので、まず不得手な会話の勉強から始めた。ハノーバーが純粋のドイツ語を話すというので、この地で語学研修に励んだ。その後キール軍港の視察を命じられ、しばらく滞在した後、出来るだけ欧州各地を旅して見聞を広めることにした。ドイツ滞在費用は十分過ぎるほど頂いていたので、祖父は浪費せず、節約してもっぱら旅行費に使ったのだった。

どこでも堂々と正面きって軍港の視察を申し出たので、かえって喜んで親切に案内してくれた。キール軍港には造船所、工廠、兵学校、海兵団、弾薬庫、魚雷製造工場、民間の造船所等々。魚雷製造工場は海軍以外の民間の工場のみだったが、しっかり視察できた。

キールと並びドイツ最大のウィルヘルム軍港も同様に、十分視察した。カメラは持つことが許されず、ノートやメモも一切取らずに目に焼き付けて、説明はしっかり頭に入れた。また報告書も出さなかった。後になってから分厚い立派な報告書を、帰国する人に託して軍令部に提出している。その報告書は後にドイツに行く人の手引きとなった。

手紙も全部葉書にした。ドイツ海軍もしっかり見張っていることを念頭におき、スパイなどの嫌疑が一切かからないように極力用心したのだ。だが留守宅の家族は、見たこともない景色などが見られるので、むしろ葉書の便りを嬉しく読んだ。

当時のドイツは破竹の勢いで海軍の拡張を行い、イギリスに追いつけ追い越せの政策を取っていたことが身に染みて感じられ、軍規の厳正なことにも驚きと感銘を受けている。

ロシア海軍にも興味があったので、デンマーク、ノルウェー、フィンランドを回りロシアへ。ペテルスブルグを経てコロンスタットへ。軍港視察を願い出ると、鎮守府長官マカロフ提督は喜んで許可し、新造の軍艦「スワロフ」の見学をすすめてくれた。

艦内には大広間があって、ここでダンスなどをするのだという。これには驚かされたし、こうも思ったという。

「『ハハア、これならロシア艦隊も恐れるには当たらぬ』と直感した。ダンスなどやりながら戦技訓練ができるものではない。また、こんな豪華な部屋を取っている以上、どこか攻撃、防御に手薄な所があるに違いない。この調子なら大丈夫だ、と感じた」（『鈴木貫太郎傳』鈴木貫太郎伝記編纂委員会）

親しく接してくれた名将マカロフは、後に日露戦争で太平洋艦隊司令長官となって陣頭指揮にあたった。しかし、旗艦「ペトロパヴロフスク」が機雷に触れて沈没し、あえなく海底の藻屑と消えた。

ドイツ駐在二年目に、ちょっとした危機があった。貫太郎は中佐に進級したのだが、海軍大学で教えた生徒の方が序列が上になってしまい、それに憤慨して自暴自棄になりそうだった。ちょうどその頃、父・由哲から手紙が届いた。素直に中佐任官を喜び、日露国交が切迫している折、今こそ国のために尽くすようにとの内容だった。貫太郎は頭をガンと鉄棒で殴られた気がした。たかが人事のことで悩むなんて、心得違いも甚だしいと悟ったという。負けず嫌いの祖父には、こんな若い時もあったのだなあと思う。

日露戦争が迫るなか、巡洋艦を回航

明治三十六（一九〇三）年の暮れ、一通の電報を山本権兵衛海軍大臣から受け取った。

鈴木貫太郎中佐はイタリアのジェノヴァへ行けとの命令だった。二日後の三十日には秘密のうちに至急赴任せよと重ねて命令が下った。目下イタリアで建造中の装甲巡洋艦二隻を購入することになったから、その回航委員を仰せつかったのだった。

この二隻は同じ型の七千五百トンの装甲巡洋艦で、アルゼンチン政府が、イタリア政府に依頼して建造中のもので、「マリアノ・モレノ」、「リバダビア」と命名されていた。だがこの両艦は不要になったとしてアルゼンチン政府が売りに出したのだった。

その情報は日本にも届いていた。ロシアが購入しようと執拗《しつよう》に申し込んでくるのをイギリス政府が察知し、先手を打って密かに日本が入手できるよう斡旋してくれたものだった。二隻の巡洋艦がロシアの手に渡るか、日本の艦隊の一部となるかによって、両国の軍事勢力図は大きく変わってくる。日本政府は英国の好意に感謝しつつ、間一髪の際どいところでアルゼンチン政府の承諾を取り付けた。

この前年一九〇二年一月三十日、日本はイギリスと日英同盟を結んだのだった。多くの植民地を持ちアジアの主要な港を租借地として押さえてきたイギリスは、ロシアが清国や朝鮮半島にも触手を伸ばしてきたことを警戒し、ロシアの野望を打破するために、アジアの強国として日本を同盟国に選んだ。以降、日本海軍はしばしばイギリス海軍の恩恵を受けている。

ちなみにアルゼンチン政府から購入した巡洋艦二隻の値段は百五十三万ポンド。それらを横須賀に回航するためにイギリスに協力と援助を依頼した結果、海運会社アームストロング社が請け負ってくれることになったが、その回航費が二隻で百万ポンドという高額。合わせて二百五十三万ポンドは当時の日本の一般会計の一割にも相当したという（『蝶々夫人』と日露戦争』萩谷由喜子著）。

それだけの大金をかけて二隻を加えたことは、アジアの小国日本がロシアとの決戦を勝利に導く大きなファクターとなっていく。

なぜか優雅なピアノがあった

両艦は「日進」「春日」と命名された。白く塗装されていた両艦は、地中海駐留のイギリス海軍と同じ濃いグレーに塗り直された。それに従って、いままでまちまちだった日本海軍の艦船すべてが、同じグレーに急遽塗り替えられた。

イギリスとの同盟と共に、「日進」、「春日」獲得の影響は早くも日本海軍全体に及んでいる。「日進」はフランス公使館付武官・竹内平太郎大佐、「春日」は鈴木貫太郎中佐が回航委員長の任に当たった。

祖父は一月三日ベルリンを発って翌日ジェノヴァに到着した。

早速港に行くと、二艦ともサッパリ整備がなされていない。一応大砲は据えつけてあったし、機械も動く性能はありそうだ。しかし甲板にはコンパスが備わっていないし、電線も引かれていない。

数百人の職工が乗り込んで取り付け作業に精を出している最中だ。懸命にやっている様子だが、装備はほとんど完成していない。まったくどうなっているのだろうと戸惑ったが、出発の八日までに出来なくてもとにかく出港し、あとは航海中に完成させればいいというわけだった。

そんな中で目に付いたのは、両艦に優雅なピアノが置いてあることだった。さすが音楽の国イタリア。

「戦争の際はそんなものは卸してしまうのだが、筑土大尉がピアノを弾くからおいておけとそのまま置いておいた」(『鈴木貫太郎自伝』)

そう言えばドイツ滞在中に訪れたロシアでも、新艦「マカロフ」にはダンスをするための広い部屋があった。戦うためにただ全力を注ぐ日本とは違い、航海中の楽しみも戦意高揚につながり、ヨーロッパでは重要なファクターになっているのだろうと想像した。

二台とも「イタリア家具調の装飾的外観を持つ縦型ピアノで、ウォルナット材らしい明るい茶色の正面部や脚には美しい彫刻が施されていた」(『「蝶々夫人」と日露戦争』)。

実は「春日」の食堂に置かれたピアノは、幾多の激戦をくぐり抜けた。「春日」も当然敵の砲弾を浴び、一発などは食器室の壁を貫いて、隣の士官室をメチャクチャに壊し、十四、五人の負傷者を出して、祖父が外国で求めた地理書に食い込んで止まった。この本はずっとのちのちまで砲弾ごと記念に持ち歩いたという。厄逃れのつもりだったのかも知れない。

戦死者は一人もなかったし、負傷者もみな治って復帰した。またピアノにはかすり傷一つなかった。ピアノの上には大神宮様が祭られていたので、そのご加護があったと信じているという。

このピアノは日露戦争後、水交社(旧日本海軍将校クラブ)に保管された後、一九一〇年にアルゼンチン建国一〇〇周年記念にアルゼンチンの海軍クラブに寄贈された。現在は同国の海軍博物館に陳列されている。

緊張感高まる日・露・英

「春日」の乗組員はというと、イギリスのアームストロング社から三、四十人の船員が来たが、甲板はイギリス人、機関はイタリア人、その他合計八か国人。艦内に書いてある文字も、アルゼンチンが注文した艦なのでスペイン語。それにイギリス人とイタリア人との間も、完全には言葉が通じない。文字どおり烏合の衆だった。

「若《も》し公海に出てロシア艦隊が挑戦したなら、みな手をあげて降伏するかも知れない。それでは何のことはない、新鋭艦にのしをつけてロシアに献上する結果になる」

「(今後の対策を)日本士官ばかりでひそかに相談した。已むを得ない。たとえ数人でも戦えるだけは戦おう。けれども力の尽きたときには、むざむざロシアに引き渡す手はないから、火薬庫に点火して自沈するほかはないと一決し、その点火役まで決めていた」(『鈴木貫太郎傳』)。点火役は筑土大尉だった。

まったく悲壮な覚悟だったことが偲ばれる。すべてが泥縄式で、アルゼンチンの士官立ち会いのもと、二隻を受け取った。

一方ロシアの軍艦数隻は、両艦がドックにある間も、湾近くに出動して、戦端が開かれればすぐにでも攻撃しようと待ち構えていた。

そうした中、「日進」、「春日」は一月八日夜、密かにジェノヴァを出航した。ロシア艦隊は早くも先回りしてポートサイドへ向かったが、いつも危機を救ってくれたのはイギリス海軍だった。イギリスの大巡洋艦「キング・アルフレッド」がそっとついてきて、ロシア艦隊の後ろへ回り込み、ロシア艦隊、イギリス艦、「日進」、「春日」の順に地中海を行き、日本を守ってくれた。「春日」は途中でスクリューが故障したりして、一時間遅れでポートサイドに到着した。石炭を補給するに当たっても、先行のロシアよりも、イギリス政府の圧力で「先約があるから」と日本が先になった。

本当の意味の助け船だったイギリスの巡洋艦「キング・アルフレッド」は、インド洋まで護衛してくれた。コロンボへ着く前に信号で、

「日露の間の交渉の談判がだんだん切迫している、今は竜巌浦《りゅうがんぽ》の問題でどちらも譲らない、これは結局戦争になることは免れないだろう。これが最近の情報だ。本艦はこれからオーストラリアへ行くのでお前とは別れる。一路平安を祈る」

と伝えてきた。

もうそのころはロシア艦隊も日本に追いつけないことを覚り、インド洋へは入らずに反転して北洋のバルチック艦隊に合流した。ちなみにキング・アルフレッドからの信号にある「竜巌浦の問題」とは、ロシアが鴨緑江《おうりよくこう》を越えて平安北道鴨緑江河口の竜巌浦を占領して軍事基地とした事件で、これが日露戦争の導火線となった。

「春日」はあちこちに故障が出たりしながら、「日進」に遅れること三日、二月四日にシンガポールの港に着いた。

しかし思い掛けず港湾労働者のストライキに出会い、なかなか石炭が積めない。日本政府からもぐずぐずするなと矢の催促。というのもロシアの戦闘態勢が整わないうちに、一日も早く戦端を開

かねばならない。「日進」、「春日」の帰港を待つ時間は無い。ギリギリ両艦がシンガポールを出港するのを合図に日露の国交断絶と開戦が御前会議で決議される手筈だった。海軍大臣からの催促電報に続いて外務大臣からも「四日夜半までにはどんなことがあっても石炭を積み終えよ」と言ってきた。

いよいよ日露開戦が切迫しているのだ。両艦も必死に積み込み、四日午後六時に出港することができた。

このような経緯があって、ついに二月十六日、無事横須賀に入港した。

先に着いた「日進」は、歓迎船に乗った勇壮な軍楽隊の演奏に出迎えられ、集まった人々から大歓迎を受ける。だが二、三時間おくれて到着した「春日」は、盛大な歓迎どころか人影もまばらだった。

それでも乗組員が懐かしい港に降り立つ時、地元の小学生がイギリス国歌を歌って歓迎したという。どういう事なんだろうか。

それにしても東京湾の二月は寒い。熱帯地方から乗り込んだ苦力《クーリー》たちは冬の用意がないので、格好など気にしてはいられない。石炭袋に丸首を開けてかぶった。まるで石炭袋のお化けだ。乗組員も震えながら襦袢《じゅばん》ひとつで水交社へ行った。襦袢とは、丸首にボタンが三つ四つ付いた麻か木綿のいわゆるお父さんの下着のことだろう。当時はワイシャツなどは特別の時にしか着なかったに違いない。

回航委員たちは、横須賀に上陸するまで、日露戦争が始まっていたことを知らなかった。予兆についてはイギリスの戦艦「キング・アルフレッド」が教えてくれただけ。二月十日に宣戦布告したことは知らされていない。

「通信連絡の不便な時代であったとはいえ、大戦開始を知らずに、危険な水域を、よくも堂々と回航し得たものである」

「日進、春日の一日も早く安全に帰国することを待ち、やっとその目途がついたので、宣戦を布告したのであった。如何に両艦に大きな期待をかけていたかが分かるであろう」（『鈴木貫太郎傳』）

宣戦布告以前の二月九日午前零時すぎに、日本海軍は仁川沖の海戦により露艦「ワリヤーク」、「コレーツ」の二艦を屠《ほふ》った。旅順口に対して駆逐艦の夜襲に次いで、主力艦による総攻撃を敢行した。翌二月十日には対露宣戦の詔勅が下ったのだった。

鈴木貫太郎中佐は、帰国とともに「春日」の副長を、竹内大佐は「日進」の艦長を命じられた。山本海軍大臣は二人から報告を受けると、早速宮中へ拝謁にゆくことになった。二人とも礼服は持っていたが蝶ネクタイがないので、銀座で調達し、服装を整えて参内した。明治天皇はお喜びになり、「御苦労じゃった」とおっしゃった（『鈴木貫太郎傳』）。

日露戦争はアジアの小国が世界の大国を相手に挑んだ戦争であり、後に最強国アメリカを敵にまわして開戦した太平洋戦争とよく比較される。

綿密な計画がなく先の見通しも停戦プランもなしに始めた太平洋戦争とは違い、日露戦争は戦端を開く前から周到な計画を練り、様々な手を打ちながらの開戦だった。

戦闘が長期化すれば国力がもたないことは明らかだ。そこで早い段階で戦果をあげ、アメリカのセオドア・ルーズヴェルト大統領の力を借りて講和調停に持ち込もうと、金子堅太郎元司法大臣を派遣した。彼はルーズヴェルトとハーヴァード大学の同窓で旧知の仲であり、アメリカに多くの知人をもっていた。

金子はルーズヴェルトの協力を得たのち、流暢《りゅうちょう》な英語でアメリカ各地で演説会を開いた。日本という国について、長い歴史や正義感について話し、領土的野心のためにロシアと戦うのではないことなどを訴えて回り、多くの共感を得た。翌年には小村寿太郎外相も駐米公使を介して、ルーズヴェルトに講和の仲介を頼んでいる。

また丁度その頃、新渡戸稲造の英文による『武士道』がアメリカで出版されて、愛読者が広まったことも、日本への理解を深めた。そして期待通り仲介役を果たしたルーズヴェルトは、ノーベル平和賞を受賞している。

日露の戦い

東郷平八郎連合艦隊司令長官

日露戦争は明治三十七（一九〇四）年二月十日、双方が宣戦布告したが、それ以前に日本軍が急襲して交戦となっていた。二月六日、東郷平八郎連合艦隊司令長官が、命令第一号を発信した。

「我ガ連合艦隊ハ直チニ是ヨリ黄海ニ進ミ、旅順口及ビ仁川港ニ在ル敵ノ艦隊ヲ撃滅セントス……」

日本海軍の作戦は、本隊であるバルチック艦隊が、遠くバルト海から回航して日本海に着く前に、極東の仁川、旅順、ウラジオストックの港に在泊するロシア太平洋艦隊を個々に殲滅しておくというものだった。

貫太郎はというと、「春日」の副長として、まず旅順港外の警備にあたったのだが、五月十四日はまさに厄日だった。思わぬ災難に見舞われたのだ。濃霧で視界がきかない中、「春日」は味方の吉野の左舷を艦首で破って沈没させてしまった。また戦艦「初瀬」と「八島」が敵の機雷にふれて轟沈。わずか二十四時間の間に三隻を失った。

一方、日本陸軍は遼東半島の塩大澳に上陸して、ロシア軍の旅順補給路を絶つ作戦を行っていた。海軍も旅順港にひっ込んでしまったロシア艦隊をなんとか引っぱり出そうと攻撃するのだが、そびえたつ絶壁の上から狙い撃ちされて、どうにもならない。

そこで海軍は陸軍に頭を下げてロシアの旅順要塞を攻略してもらいたいと要請した。後に有名になった乃木希典将軍の二〇三高地の戦いだ。

夥《おびただ》しい数の戦死者を出しながら正面攻撃を続け、満州から駆け付けた児玉源太郎満州軍総参謀長が加わって、大砲による攻撃を加え、ついに不落といわれた堅固な要塞を攻め落とした。これで戦局は一変する。

今度は日本軍が山頂の観測所からの指示により湾内に停泊中のロシア艦隊を狙い撃ち、旅順艦隊はほとんど全滅した。

旅順要塞の司令官ステッセル将軍と乃木大将は水師営で停戦条約を締結したが、乃木が敗戦の将に帯刀を許し、紳士的に処遇した美談は、水師営の会見として有名になった。尋常小学校の教科書に載り、小学唱歌としても歌われている。

「旅順開城約なりて　敵の将軍ステッセル　乃木大将と会見の　所はいづこ水師営　庭に一本棗《ひともとなつめ》の木……」

この「水師営の歌」は、会見の情景や、お互いを称える両将軍の会談ぶりを伝えている。日露戦争の歌は昭和の時代にまで歌い継がれていた。

思い返すと、私たち昭和の子供たちはよく毬つきやお手玉で遊んだ。

「一列らんぱん破裂して　日露戦争始まった　さっさと逃げるはロシアの兵　死んでも尽くすは日本の兵……」

などと歌いながら毬つきをした。「一列らんぱん」は「一列談判」がなまって歌われたのだけれど、「敵の大将クロパトキン」も登場する。

歌詞にもあるようにステッセルは乃木の温情に感動して、自分の愛馬一頭と、同伴の夫人のために常に戦場に持ち歩いたピアノを贈呈したという。乃木は後に学習院院長となり、その愛馬で登校して、馬上写真も残されている。

ピアノはパリで製造されたロドルフ・フィスという普及銘柄のアップライト・ピアノで、乃木は戦後、日露戦争で最も多くの戦死者を出した石川県の金沢第九師団に寄贈した。第二次世界大戦後には金沢女子専門学園（現金沢学院大学）に譲渡され、現在も大切に展示されている。

この他、「ステッセルのピアノ」として現存するピアノも何台かある。中にはロシアのアレキサンドラ皇后がニコライ二世を説いて、士気高揚のために陸、海軍の主要施設や軍艦にピアノを下賜したというものもある（『蝶々夫人』と日露戦争』）。

イタリア製の「春日」のピアノも含めて、音楽や芸術に対する考えや日常的な親しみが、ヨーロッパと日本では大きく違うことを痛感する。

「天気晴朗なれども……」

ロシアは主力であるバルチック艦隊をヨーロッパのバルト海からアフリカを回り遠路はるばる東洋に回航してくる。大陸側に入港してしまう前に、これを日本海のどこで迎え撃つかが大議論となった。予想が間違えば大艦隊に逃げられてしまう。この戦争の帰趨《きすう》が決するのだ。

結局太平洋回りの宗谷海峡ではなく、東シナ海を通り抜けて対馬海峡へ姿を現した。予想が的中したのだ。五月二十七日、いよいよ海戦の戦闘開始。このとき東郷平八郎司令長官が発した信号は、後の世まで有名となった。

「敵艦見ゆとの警報に接し連合艦隊は直ちに出動。これを撃滅せんとす」

それに続いて「本日天気晴朗なれども浪高し」と一言書き加えたのは秋山真之作戦参謀だったとか。

この第一報を大本営に打電し、旗艦「三笠」艦上には「皇国の興廃此《この》一戦に在《あ》り各員一層奮励努力せよ」の信号旗が高らかに掲揚された。

戦前生まれの者にはこのくだりは有名で、暗記されている方もおられるに違いない。

鈴木中佐は第四駆逐隊司令となり、バルチック艦隊猛攻に参加。その模様は分刻みの戦況報告で生き生きと描かれている。これを読むと、祖父の全生涯のなかで、最も生きがいを感じた時代だったのだなあと感慨深い。

日本海海戦では東郷司令長官が取った「丁字戦法」が世界を驚かせた。これは長官が早くから考慮して完成させた戦法で、通説では秋山真之作戦参謀が発案者。いや山屋他人（後に連合艦隊司令長官となった）がもっとも早いという説など諸説ある。いずれにしてもこの戦法でバルチック艦隊をついに撃破した。

丁字戦法とは、敵艦隊と遭遇した時に、旗艦を先頭に隊列を作り、四十五度、または九十度急旋回して敵艦隊と丁字の形となって攻撃を仕掛ける戦法。東郷司令長官はこの戦法を予め将校にだけ示してあったので、実戦はスムーズに行われたという（『日本海海戦の真実』野村實著）。

貫太郎は大戦艦「スワロフ」の襲撃に加わって最後を見届け、二隻を沈める戦果を挙げた。帰港してその旨を報告すると、秋山参謀に「君のところだけ二隻では多すぎる、一隻は他へ裾分けしたから承知してくれ」と言われた。秋山らしい言い方だったので、よろしいと言っておいた」という。自分の挙げた戦果に拘泥せず、言い方が気に入ったからと、あっさり他に譲ってしまうあたりは、いかにも祖父らしい気がする。

また自爆した敵艦の兵が朝鮮側に上陸し、負傷兵もいて難儀しているところを救った。その時、三隻の駆逐艦からあるだけのビスケットを集めて与え、後から救助の船がくるから待つようにと言い残した。途中出会った収容力のある巡洋艦「春日」に報告し、同艦が救助に当たった。

バルチック艦隊の残存勢力は、遂に戦闘旗を下ろして降伏の信号を掲げた。鈴木中佐は初戦から出動して一番初めに敵と遭遇し、丸三昼夜戦った後、最後に佐世保に帰還した。東郷司令長官に報告すると喜んで下さり、「いや、あなたの攻撃されている状況はよく見ていました」と言われた。

いつも寡黙な方なのに三十分くらいも雄弁に戦争の経過を語られたことにいたく感動し、終生忘れ難い感激であると祖父は記している（『鈴木貫太郎自伝』）。

四十年後の悲劇の因子

かくて日本海海戦は日本の大勝利に終わり、それを契機として、アメリカ大統領の斡旋によって、明治三十八（一九〇五）年九月五日、ポーツマスにおいて講和条約が締結された。

世界の大国にアジアの小国が勝ったかたちになり、日本の国際的地位は急上昇し、世界列強の一つに数えられるに至った。しかし、講和が出来た陰には、早くから外交に訴える努力と、ルーズヴェルト米国大統領の尽力があったのだ。

日本は朝鮮に対する優越権をロシアが認めること、満州からのロシア軍の撤退など、一定の権益を得た。

しかし、国内は「勝った勝った」の大騒ぎで、自力で大勝利したかのように錯覚した。その結果、今度はなぜロシアから賠償金を取れなかったのかなどと、右翼団体が不満を爆発させたり、暴徒が日比谷焼き討ち事件を起こしたりなどの騒動も起こった。

貫太郎は、こう回想している。

「国内においては各種の矛盾を包蔵し、外観と内容とには相伴わないものが多かった。それが四十年後の悲劇の因子となったことも否定できない」（『鈴木貫太郎傳』）

余談になるが、ジャーナリズムの世界で、日本に対する世界の評価の推移は結構面白い。当時の情報伝達のなかで、絵画の力は大きかった。

日露戦争以前の日本人は、猿を擬人化させたように扱われたりした。戦争の初期までは、ロシア人を大男に、日本人は極端に小さく描いた戯画が多かった。フランスの絵入り日刊紙には「白色と黄色」と題して、床に地図が描かれたリングに小男が日本と朝鮮を跨いで立ち、それを見下ろすように立つロシアの大男に挑みかかっている絵を載せている。

当事国であるロシアでもほぼ似たようなもの。大衆向けの木版画が異常人気で、フランス同様、初めのうちは日本人をからかっていた。ところが日本が勝ち進むうちに、小人化された日本兵は影を潜めて、ロシア人と等身大の敵兵として描かれるようになった。しかし過度に勇壮なロシア兵に対し、日本兵は臆病者が逃げ出す様子も描かれ、日本の勝利さえ嘲笑的に扱われている。

この事も含めて、敗戦を隠蔽し戦勝を演出するやり方は、政府のプロパガンダにジャーナリズムは協力しているわけだ（『帝国日本のプロパガンダ――「戦争熱」を煽った宣伝と報道』貴志俊彦著）。

考えてみると、どの時代でも敗戦国は似たようなことをやっている。

妻トヨとの永別、海とも別れて

大原麗子でよみがえる、トヨの面影

日露戦争が終わった後、祖父は海軍大学校教官、陸軍大学校教官も兼任するなど、しばらく教育方面に専念した。その後、第二艦隊の「明石」艦長、次いで練習艦隊の「宗谷」艦長として再び海上の生活に戻った。

清国やオーストラリア方面へ回航し、清国では揚子江をかなり溯った。このとき岸壁に「天空海闊」と書いてあるのが目に入った。第一章で紹介したように、私が子供のころ促されて墨を磨り、祖父がこの字をよく書いていたのを思い出すが、ヒントはここにあったのだ。

祖父はすっかり気に入ってしまい、ポケットから手帳を出して書き写したのに違いない。偶然とはいえ祖父に相応しい言葉が、よくぞ岸壁などに書かれていたものだと思う。

帰国後間もなく、今度は海軍水雷学校校長となり、明治四十五（一九一二）年には第一艦隊旗艦

「敷島」艦長を命じられた。そして朝鮮や旅順を回航して伊勢湾へ入港した時のことだった。

妻トヨ危篤の報が入った。

平素は物事に動じない祖父も、あわてたに違いない。すぐに許可が下り、東京へ駆け付けた。久し振りに見る妻はやつれて床に伏せっていた。子どもたちも学校から帰ると、母の側から離れない。貫太郎自身も額の手ぬぐいを代えたり励ましの声を掛けたり、長い不在を何度も謝って許しを乞い、よくぞひとりで子どもたちを育て家庭を守ってくれたものよと感謝した。「愛している」と日頃は口にしなかった言葉で励ましたに違いない。

だが手厚い看病も甲斐なく段々悪くなる一方だった。

「しっかりしろ」「ありがとう」を繰り返すのみで、ついに九月十八日、妻は帰らぬ人となった。死因は腎臓病。まだ三十三歳の若さだった。

海軍の自分は海上にあって不在がちで、子どもの出産のときも家にいなかった。同居の親戚も多く、一人で奮闘して苦労ばかりかけたと、貫太郎は妻の薄幸を悼み悲嘆にくれた。

このとき小学校五年生だった私の父一は、大好きだった母に取りすがったが、なぜか涙が出なかったという。貫太郎に似て弱虫だったのに、この時を境に泣くことはなくなった。

後年、父はテレビの時代劇が好きで、俳優の大原麗子が登場すると目を細めて見入っていたのを思い出す。『春日局』『銭形平次』『大岡越前』……。現代劇では駄目なのだとか。時代劇の髪形・着物姿の麗子に、母の面影をしのんでいたのだ。

余談になるが、毎日父は帰宅するとお茶と和菓子を楽しみにしていたので、私はよく近所の和菓子屋へ買いにいった。丸山町の隣、西丸町には老舗の「田月堂」があり、ここが大原麗子の実家だった。

ある日店番で出てきたおばさん（大原麗子さんのお母さん?）に父のことを話すと、にこにこしながら聞いていて、思い掛けないことを言った。

「そういえば、あなた、どことなく麗子ちゃんに似ているわね」

美人とは縁遠い私だし、子供の頃は体格的にも祖父に似ていると皆に言われていたのに、祖母の血も受け継いでいたのだろうか。

祖母トヨの他界と同じ明治四十五（一九一二）年、明治天皇が崩御された。

祖父は大葬に出席かなわず。海上にあった「敷島」から、今度は「筑波」艦長に移された。大海原をこよなく愛していたのに、この艦は航海には出なかった。祖父は地上勤務が多くなったことにも気落ちした。淋しがっている子どもたちがいるのにと思うが、休暇の時も妻亡き家へは悲しくて帰れなかったという。妻トヨへの祖父の思いは、初めての恋に似たところがあり、後々までも忘れられない人だったように思う。そしてひとり寂しさを抱えて、艦を家と思うようになった。

大正の時代となり翌年、海上を離れることになる。

「討死覚悟で」海軍次官に

大正二（一九一三）年五月、少将に進級。同年十二月に海軍省人事局長となった。この職はほんの四か月半ほどだったが、その間に海軍始まって以来の不祥事と言われた「シーメンス事件」が起こった。

時の総理は海軍大将山本権兵衛。海相は斎藤実大将だった。この事件による政変で大隈重信内閣に代わり、あまり中央にはいなかった剛毅で知られる八代六郎中将が、新たな海軍大臣となった。そして海軍を大刷新するためには、公正な人が欲しいということで、祖父を海軍次官にとの要請があった。行政には向いていないからと思い悩んで父親に相談すると、「討死する覚悟でやりなさい」と激励された。

次官になるに当たって、「待ち合い政治」は絶対やらないという条件をつけた。夜の社交、早く言えば接待政治はやらないということだ。その後も海軍部内で踏襲され、結構よい結果を残したようだ。

シーメンス事件は、ドイツの軍需会社シーメンス社からの収賄問題に端を発し、イギリスのアームストロング社から駆逐艦建造に際してコミッションを受け取っていたことが発覚。ヴィッカース社からも戦艦「金剛」建造に対しての賄賂が明るみに出た。これらが政治問題に発展し、山本権兵衛内閣の崩壊に至った。ただ一言付け加えたいのは、賄賂を受け取ったといっても今の世の中でしばしば問題になる収賄とは、大きく違っていることだ。

個人が得をする今の世の風潮とは違い、シーメンス事件の場合は資金の足りない海軍の費用にと受け取ったものだった。収賄の罪に問われたグループの一人松本和中将は人事局長の祖父に「自分の懐を肥やすためにやったことではない。これだけは君に了解して貰いたい。全く申しわけのないことをした」と語っている。贈収賄はもちろん犯罪には違いないし、「余りにも単純な軍人心理」と祖父は言っているが、その動機と意識には昔と今とでは大きな違いが感じられる。

海軍としては非常に重要なもう一つの難題があった。戦艦の工事をストップされたり、戦力強化著しいドイツに対抗するための駆逐艦十隻を急造したりする費用の問題などが、政争の道具として扱われて行き詰まっていた。国家にとっても由々しきことなので、次官単独で政友会幹部を説得し、大蔵次官浜口雄幸氏と会って一肌脱いでもらった結果、幸い海軍案が無事議会を通った。

八代大臣には無断でやったと叱られたが、お詫びしてことなきを得たという。またこれで大隈内閣も一難関を切り抜けることが出来た。

祖父は自分は政治向きでないと言いながら、結構根回しなどもうまくやっている。それは政治的な駆け引きなどではなく、誠心誠意をもって真実の話をしているから、相手側も説得に応じてくれるのだろうと私は思う。

八代大臣は熟慮の結果涙をのんで、海軍の偉大な先輩であり大功労者山本権兵衛大将、斎藤実大将を予備役に編入することで、海軍が責任を取る形とした。すぐに東郷、井上両元帥から詰問されたが、大臣は理路整然と理由を述べ、東郷さんは納得して帰られたという。

シーメンス事件は民間人を巻き込んで抗議やデモなど大きな社会問題にまで発展したが、この陰には元老山縣有朋（陸軍、長州）による、薩摩勢力（海軍）たたきの謀略説もささやかれている。確かにその後、海軍と陸軍の勢力図が次第に逆転し始め、やがて陸軍が主導権を握って行く。

第四章

第一次世界大戦始まる

二度目の妻にタカを迎える

大正三（一九一四）年、第一次世界大戦が始まった。日本は同盟国であるイギリスから太平洋であばれるドイツ艦隊をやっつけてもらいたいと再三の要請を受けて参戦。ヨーロッパには駆逐艦を派遣したり、ドイツのUボート（潜水艦）に攻撃された輸送船や商船の救助に当たったりした。

またドイツの租借地となっていた山東半島に陸軍を派遣して撃破し、海軍が封鎖戦を行って青島も占領した。太平洋の島々も赤道以北は日本が攻撃し、以南はオーストラリアが担当するという協定を結んだが、戦後その通りの地図で支配下に収まることとなった。

これは音楽のことになるのだが、約四千人のドイツ兵捕虜が日本各地十二か所の収容所に送られ、国際協定通り模範的な待遇を行い世界的評価を得た。徳島県の板東俘虜収容所は特にドイツ兵との交流が深く、ドイツの文化や料理などが伝えられた。また捕虜たちによる楽団によって、ベートーヴェンの「交響曲第九番」が初めて日本で演奏されたことは、史実として知られている。

この年、海軍次官になっていた祖父は、翌四年六月七日、二度目の妻を迎えることとなった。兵学校で同期の佐藤鉄太郎（後に中将）が取り持つ縁だった。お相手は足立タカ。佐藤夫人の兄君の夫人の姉に当たる。

タカは昭和天皇となられた迪宮《みちのみや》が数え年五歳の時から、そして淳宮《あつのみや》（秩父宮）、光宮《てるのみや》（高松宮）などのご養育掛だった。明治天皇崩御に伴い迪宮が皇太子となられたのを機に、養育掛を十年間勤めた女性だった。そこで佐藤氏が縁談を持ち掛けたのだった。

タカの父親・足立元太郎（一八五九〜一九一二年）は東京本郷の生まれで、北海道の札幌農学校の第二期生。直接クラーク博士の薫陶を受けた。同期生は内村鑑三（後のキリスト教思想家）、新渡戸稲造（教育者、思想家）、宮部金五（植物学者）、町村金弥（北海道開拓者）ら十人だった。

元太郎は在学中に熱心なクリスチャンとなり、どの宗派にも属さない「札幌独立基督教会」を創設した人だった。

十人の子沢山で、タカはその長女だった。二男六女を生んだ母親の常子は早くに亡くなり、後添えの母・安子は一男一女をもうけた。タカが弟妹たちの面倒をよく見て、一家を切り盛りしていた時期もあった。

一家が横浜へ移った時に女子師範学校（高等師範学校ではない）の保母科に入学。卒業すると竹早幼稚園の保母となった。

タカ夫人との結婚の記念写真＝1915年、海軍次官当時（提供・著者）

そのときに評判の高いタカがスカウトされ、皇孫のご養育掛となったのだ。

結婚が決まったとき、貫太郎は四十八歳で一男二女の子持ち。初婚のタカは三十二歳だった。

挙式は大正四年六月七日に行われた。結婚記念写真では、髭を蓄えた中年の祖父は堂々と海軍少将の礼服姿で、左手に軍刀を握って立ち姿。祖母は束髪に裾模様の紋付を着て慎ましく座っている。

秋には御大礼があり、祖父は御大礼参与官となって、初めてお公家さんのような衣冠束帯をつけ、京都御所の紫宸殿の御前に行き衛儀の太刀を奉持した。これは一生の名誉と述べている。翌年四月、勲一等旭日大綬章を拝受。ロシアからも第一次世界大戦の同盟戦勝国として、日本の勲一等に相当する勲章が贈られた。

米国でのスピーチ

大正六（一九一七）年九月、海上勤務を希望していた祖父は願いが叶い、練習艦隊司令官に任じられた。

まず中国沿岸を巡航し、翌大正七年遠洋航海に出た。

一路サンフランシスコへ。次にロサンゼルス、サンディエゴ、メキシコの西海岸マンザニオ、アカプルコ、パナマと巡り、ハワイのホノルル、そして委任統治の島々マジュール、ヤルート、ポナペ、トラック、サイパンに寄り、小笠原、八丈島を経て横須賀へ帰ってきた。約四か月の航海だった。

この間に、後に有名になる出来事があった。

サンフランシスコでのことだ。地元の歓迎会が幾つもあり、司令官は何か話さなければならない。そこで次のようなスピーチをした。

「日本人を好戦国民であるかのように宣伝する者もあるが、これは日本の歴史を全然知らない無智の者でなければ、他に何等かの悪意を持つ者の言葉である。日本人ほど平和を愛好する民族は、世界の何処にもない。日本は三百年間、一兵も動かさずに平和を楽しんだのである。これが何よりの証拠ではないか。然し、日本人が最近外国との戦争において勇敢に戦ったことは、これまた確かなことである。この勇敢さを目して、好戦国民と評するなら、われわれは甘んじて好戦国民と言われても一向差し支えない。日本人は平和を愛好する国民であるから、外国から挑戦されても容易に起ち上がらないが、祖国の危急存亡の関頭に立たさるれば、敢然応戦することを辞するものではない。（中略）

近来、不幸にして米国においても、また日本においても日米戦争ということについて耳にする。然し、日米は戦ってはいけない。若し日米が戦い、日本の艦隊が破れるにしても、日本人は断じて降伏しない。なお陸上で飽くまでも戦う。日本本土を占領しようとするならば、六千万の陸兵を上陸させて、日本の六千万人と戦うほかないであろう。

米国が六千万人を喪って、日本一国を奪い取ったとしても、それがカリフォルニア一州だけのインテレストに相当するかどうか。また、日本の艦隊が勝ったとしても、米国民には米国魂がある。従って降伏しないであろう。日本軍はロッキー山までは占領することが出来るかも知れないが、これを越えてニューヨーク、ワシントンまでは攻めて行けない。これは日本の微力では到底考えられることではない。こう考えて来ると、日米相戦っても相互に人命と物資を徒らに消耗し、第三国を利益するだけで、日米両国は何の得る所もない。これほどばかげきったことはないのである。太平洋はその名の示す如く、太平でなければならぬ。平安の海でなければならぬ。この海は神がトレード（貿易）の為に置き給うもの、この海を万一軍隊輸送に使うようなことがあったなら日米両国とも覿面《てきめん》に天罰を受けるであろう」（『鈴木貫太郎傳』）

このスピーチは大きな反響を呼んだ。

カリフォルニア州検事総長は、新聞一ページ大に「アドミラル・スズキの意見に大賛成だ」と日米戦争の愚を強調した論文を掲げた。また、日本人がアメリカ国籍を得ることの反対論が強くなり、アメリカの締め付けに悩む日本人移民には強い味方を得た感があって、大いに感謝された。

このスピーチは二十七年後、鈴木終戦内閣が発足して間もなくの国会演説で、再び引用されて物議をかもした。このことは後述する。

大西滝治郎の不時着

遠洋航海が終わり、九月、練習艦隊はそのまま九州西岸の大演習に参加した。その終盤近く、波間に白い何かを発見した。それは不時着機だった。

雨の中、機は半分水が入って波に打たれている。士官が二人。その一人が大西滝治郎大尉だった。

どうして着水したのかとたずねると、敵の状況を偵察して報告をすませたから五島へ帰るつもりだったが、風が強くて目的地に達せず、ガソリンが無くなって止むなく着水したという。運よく発見され救助されたわけだが、大西滝治郎の名を見て、私はハッとした。彼こそは第二次世界大戦末期に、片道だけの燃料しか積まず、優秀な青年パイロットたちを人間爆弾として使う神風特別攻撃隊を提案したその人だったからだ。後の中将は、大尉当時から帰路を重んじない無謀さがあったように思われてならない（大西中将は特攻隊の司令官ではあったが発案者ではなかったという保阪正康氏の説がある）。

練習艦隊司令官の任務を終え、同年暮には海軍兵学校長となった。

その間にも世界情勢は大きく変わって行く。

海軍大将任官の翌月に、関東大震災

第一次世界大戦後、痛手を負った大英帝国は衰退し、代わりに無傷だったアメリカが強大な発言権を増してくる。イギリスはアメリカと連帯することで面目を保つが、ヨーロッパは昔日の繁栄を過去のものとして、新たにアジアの一国であった日本の台頭が気になる存在となっていった。

大正十（一九二一）年、軍縮会議がワシントンで開かれ、様々な権益などが定められた。アジアにおける植民地問題に関してアメリカ・イギリス・フランス・日本の「四か国条約」が締結され、その結果「日英同盟」が破棄された。イギリスが日本と手を結んでいては、アメリカのアジア政策に支障を来すという裏事情があり、英米同盟に切り替わった。

会議の主題は海軍の戦力図。これ以降十年間は戦艦の建造を止めようとアメリカが説得し、主力艦の保有量の比率を米・英が五、日が三、仏・伊が一・六七と提案。日本の代表団を率いて参加した海軍大臣加藤友三郎大将はこれを了承した。しかし帰国後、屈辱的であるとして海軍内部からも猛反対が起こった。だが、建艦競争などしていたら費用は際限なく膨れ上がって、国家財政は破綻してしまう。それを見越しての決断だった。貫太郎もその当時は不満だったが、後にさすが名将の立派な処置だと、加藤さんに敬意を払っている。

代表団がワシントンへ出発して間もなく、原敬首相が暗殺され、高橋是清内閣が成立したが半年余で加藤友三郎内閣となった。首相は海相を兼務していたことから、祖父貫太郎に海軍大臣になってほしいと依頼があったが、政治嫌いであるとしてお断りしている。

この間、鈴木中将は第二艦隊司令長官から第三艦隊司令長官となり、広島県の呉鎮守府司令長官に親補された。翌大正十二（一九二三）年八月、海軍大将に任ぜられる。

そして九月一日、関東大地震が起こった。

第三艦隊への無線連絡は横須賀を経ず直接呉に届いた。すぐに鎮守府に保管されている食糧、衣料品を積み、衛生隊まで乗り込んで、次々に東京へ向かわせた。本来は大臣からの指示がないと海軍の倉庫の品は持ち出せないのだが、鈴木長官の責任において独断で行った。逸早く届いた救援物資は真にありがたく、ルール違反であっても大いに感謝されたという。

ちょうど夏休みの最中で、私の父一は呉にいたが、婚約中だった赤須布美は東京にいたので、消息が知れるまで気が気でなかったという。また結婚していた伯母のさかえや叔母のミツ子はじめ、家族の安否を祖父は随分心配したという。幸い皆無事だった。

呉鎮守府司令長官を一年半勤めた後、翌十三年一月、連合艦隊司令長官兼第一艦隊司令長官となった。これは秋に大演習が予定されていて、対米作戦の重要事項であったための人事だったといわれる。

演習は初っぱなから猛烈な台風に見舞われた。司令長官は艦長と共に旗艦の艦橋に立ちっぱなしで直接命令をくだし、無闇に進路変更などせず嵐を切り抜けた。

この焦らず急がず、機会を摑んで即座に行動するやり方は、終戦の時にも生かされていると思う。また、太平洋上で「長門」、「陸奥」の主力艦の十六インチ砲八門すべての一斉射撃実験を行ったことは特筆されていい。実戦さながらの実験。軍艦の動揺、音響、爆風の凄烈さなど、司令長官、艦長はじめ幕僚たちも皆、一瞬身が虚空高く吹き飛ばされる思いがしたという。

これにより実際に即した改良が加えられた。長門の実験には、政治家にも軍備の実際を知ってもらおうと、乗艦して頂いていた。そして予めショックの大きさを伝えてあり、ドドーンという音がしたら暫くは伏せていて下さいと言ってあったが、たかを括ってウィスキー瓶などを抱えて闊歩していた議員たちは、顔面蒼白で床にへばりついた。なかには震えながら、南無阿弥陀仏を唱える者もあったという。

政治家連に対する啓蒙宣伝は大成功だった。理を極め、納得のいかないことは実践には移さないというのが、祖父のやり方だったのだろう。

また、大演習に先立って、艦隊総動員の形で威風堂々と中国沿岸を回航した。これは一種のデモンストレーションだった。当時中国では欧米人のデマに惑わされたのか、大地震で日本海軍は壊滅状態にあると思っていた。ところがその壮観さにびっくりし、かつ、日本は大丈夫だと大喜びで歓迎してくれたという。お互い東洋人の血が流れていた、と祖父は記している。

その後しばしの休養期間、軍事参議官をへて大正十四（一九二五）年四月、海軍軍令部長の要職に就いた。これは海軍にあって到達し得る最高の位だった。軍令部長の主要な任務は、その年その年の戦時編制、作戦、方案を決めることで、二代前の軍令部長の時からと同様に、常に専心外敵を防御する計画を立てた。

日本海軍の敵となるものは、いずれの方面から来るにしても、遠距離から進撃してくる。日本海方面のロシア海軍は微弱であるから心配はなかったが、日本を攻撃し得る海軍は、先ず米英以外はない。そのためにはできるだけ日本沿岸に敵を引きつけて集中攻撃を行う計画を立てた。当時の日本海軍は、侵略攻撃するというような意志は毛頭なかったことが明瞭であろう、と記されている（『鈴木貫太郎自伝』）。

世は「激動の昭和」に

海軍生活に終止符

大正十四（一九二五）年、治安維持法が公布されている。これは賛同者が増え出した共産主義運動を規制するためのものだったが、当局の解釈でどうにでも適用される悪法であり、以来様々な弊害が出てくる。

翌十五年十二月二十五日、幼少から病弱で、武より文才に長けていらした大正天皇が四十七歳で崩御され、時代は激動の昭和となった。

大正天皇は病がちながら、皇太子時代には沖縄を除く全国を巡啓されたり、大韓帝国も訪問されている。祖父の個人的な思い出としては、大正天皇の最晩年に沼津ご滞在中、祖母とともにお見舞いに伺い、直接お会いする事が出来た。陛下もたいそう喜ばれた。煙草好きの陛下は、常にテーブルの上に大量の煙草を置かれていらしたが、「お前は煙草を吸うか」とおっしゃったので、「いただきます」と申し上げると、それではと、そこにあった煙草をご自身で手に一杯お摑みになって手渡しで頂戴した。

「まことにご慈愛深く、そのご様子が最後の拝謁であっただけに、哀悼はいっそう痛切であった」と回想している。

その当時、中国では国民党と共産党が分立し、覇権争いで戦っていた。在中邦人も危険にさらされ、その保護の名目で山東半島に日本軍が派遣された。二次、三次と重なるごとに対日感情は悪化し、各地で排日運動が起こった。昭和三（一九二八）年六月、奉天軍閥の張作霖が奉天市近郊で列車爆破されて落命。その陰には関東軍がいた。また陸軍中央部の支援あってのことだった。

海軍は参謀総長との協議の上、第二次山東出兵に際して膠州《こうしゅう》湾、青島、揚子江、福建省沿岸など各地に艦隊を派遣した。南京政府はこれら一連の動きに対して、内政干渉だと抗議してきたので、陸軍は山海関に派兵するに当たって、陸軍、海軍、外務省三省連絡会議を通じて了承を求めてきた。その時、鈴木軍令部長は、中国に駐屯兵力を増強する場合には、北清事変に関係した列国に通報する義務があることを示唆した。それによって、陸軍の提案は却下されて、結果、国際紛争を未然に防ぐことが出来た。

昭和四（一九二九）年、思いがけず侍従長を拝命した。これで海軍軍人としての輝かしい四十年間が終わりを遂げる。

昭和天皇が即位された時、御信任厚い外交界の長老珍田捨巳が侍従長となったが、彼自身は適任ではないから辞任したいと言い、後任には鈴木軍令部長が適任と白羽の矢を立てた。しかし海軍のトップである伏見宮博恭《ひろやす》王にお伺いすると、岡田啓介海相と協議の上、「鈴木は海軍にとっては何としても手放せない人物だ。他の方面から選考してくれ」とのお返事だった。けれど珍田侍従長が病死されたので、再び鈴木案が浮上。一木喜徳郎宮内大臣が巣鴨の自宅まで来られて、「今あなたは軍令部長の要職にあられるが、曲げてご承諾いただきたい」と懇願されたという。

そこで悩みきって孝雄、三郎、二人の弟と相談した結果、「適任かどうかはやってみなくては分らない。宮内大臣から切実に推薦されたのであれば、やむを得ない、お受けした方がよかろう」とのことだった。熟慮の結果お受けすることとなった。

その理由の一つに地位の問題があった。軍令部長の要職は相当高い地位にあるので、侍従長となると降格となる。宮中席次も、二、三十番下。それが不満でお断りしたと受け取られては本意ではない。そんなことも考慮して、できるだけのご奉仕をしようと決心した。宮内大臣も心得ておられて、枢密顧問官にして宮中席次が下がらないように配慮された。

海上勤務の間には、あわやあの世に行ったままになりそうだったことや、人柄が偲ばれるちょっとしたエピソードがいろいろ伝わっている。日露戦争時、一酸化炭素中毒で死にかけた話は前述した。

これも疲労で寝込んでしまった話だが、連合艦隊司令長官時代のこと。みな毎日毎日猛練習でくたくただった。長官室からベルを鳴らして当番兵を呼んだが、誰もこない。そこで当番室をのぞいてみると、真っ裸のまま寝入っていた。鈴木はそっとドアを閉めて副官を呼び、「当番が裸のまま眠っている。風邪でも引いてはいけないから、毛布でも羽織らせてやってくれ」と頼んだ。

当番兵は目覚めた時に、毛布が掛けられていたことに気付き、恐る恐る副官室に行って事情を話したところ、「それは長官だよ。毛布でも掛けてやれと言われたので、おれがそうした。余程くたびれている様子だから、今しばらくそっとして置いてやれとの事だった。長官に謝ってこい」と言われた。身の竦《すく》む思いで長官室へ行き、「まことに申し訳ないことを致しました」と謝ると、「誰でも猛訓練で疲れているのだから、眠るのも止むを得ない。しかしこれからは気を付けるんだよ。裸身で寝て風邪でも引いたらどうする」とやさしく諭された。この話は十数年後に、農民となった本人から祖母が聞いた話だった。

また水雷艇長時代だったか、海軍なのに貫太郎は船に弱い。特に水雷艇は小さいので揺れて困った。デッキに出て涼んでいる時に汚物が飛んできた。見ると下士官が船酔いで吐いていた。

艇長は「自分も船酔いに悩まされる。それは仕方がない。しかし気分が悪い時は、風上ではなく、風下に行って吐きなさい」と言って、汚れた衣服を着替えに部屋へ戻って行ったという。

上官に粗相をしたことに驚き、どんなに叱られるかと覚悟を決めていたところが、あまりに寛大な処置に感激して、みんなに話したという。このエピソードを知った時、私はすぐに曾祖父由哲のことを思い出した。全くそっくりだ。由哲が代官だった時、農民があわてて汚物をかけてしまった時の話は第二章で書いたが、怒りも叱りもせず、黙って自分で袴の汚れを洗いに川へ下りていった……。貫太郎の寛大さは、まさに父親譲りなのだなあとつくづく思うことではあった。ともあれ、鈴木貫太郎の四十年にわたる海軍生活は終止符が打たれた。

侍従長となって

田中首相退任は、祖父のせい？

自分は一生海軍で終わるものと思っていたのに侍従長になり、祖父は大いに戸惑った。侍従長として初出仕してまず驚いたのは、侍従長には秘書官も副官もいないことだったという。何かあれば侍従に頼むほかない。

また仕事がない事にも当惑した。絶えず書類が回ってくる軍令部長とは大違いだった。ただいつご用があるかわからないので、席も外せない。ひたすら誠心誠意お仕えする気構えでいたという。後にわかったことではあったが、陛下のご信頼は、初めから厚いものがあった。

就任間もなくから、様々な出来事に遭遇し、中傷されたり事実とは違う話が流布された。田中義一首相が辞任したのは、侍従長の対応が悪かったからだと言われた。

張作霖爆殺事件に関して、田中首相は陛下に拝謁して、犯人は日本軍人の中にいるように思われ

昭和天皇に随行する鈴木侍従長（中央）＝（提供・著者）

ます。日本軍人がやったことなら厳重に処罰いたします。目下陸軍大臣が調査しておりますという旨を上奏した。その後で、今度は白川陸相が拝謁して、犯人は日本軍人ではないが、事件が起きた地点が関東軍の警備区域内であるから、関係者は行政処分に付する旨を奏上した。

陛下は次の首相拝謁の時、首相の最初の奏上と、白川陸相の奏上とが矛盾していることを指摘された。田中首相は恐懼《きょうく》して内閣総辞職を決意した。

ところがそれについて、鈴木侍従長がつまらぬ関与をしたので、政変になったかのような噂が流された。しかし真実は、天皇に叱責された田中首相は御前を退出された後、侍従長に会ってその話をなさり、辞職する決心を話されている。田中首相は陛下に見放されたショックもあった。そして辞職して約三か月後、狭心症のために亡くなられた。陛下はそれを大変苦になさって責任をお感じになり、以後内閣の方針に不満があっても口をはさまず裁可を与える決心をなさった。

この影響は非常に大きいものがあると思う。日米開戦を決する御前会議の時も直接反対意見を述べられず、

「よもの海みなはらからと思ふ世になど波風のたちさわぐらむ」

と、日露戦争の開戦にあたり明治天皇が戦争回避の願いを込めて詠まれた和歌を示された。これには反対の意志が顕著に表れている。

青年将校たちの不穏な動き

　また、ワシントン条約（大正十年）に次いで行われて不調に終わったジュネーヴ軍縮会議の後、ロンドン会議（昭和五年）が行われた。ここでも大型巡洋艦、軽巡洋艦、潜水艦の対米比率が、日本の腹積りより若干低くなり、これを外交上の問題として止むなく飲もうとする政府と、断固反対の海軍軍令部との間で対立が起こった。

　浜口雄幸首相は海軍側の意見を聴き、外交当局者の所見も伺い、日本の現在及び将来にわたる国情を考慮して回訓案を閣議に提出して決定。その上で、陛下に上奏してご裁可頂きたいと侍従長にいってきた。

　その一方で加藤軍令部長が、奈良侍従武官長を通じて反対上奏するという事態が起こった。それは困ったことだと、祖父は軍令部長と直々に話をした。もし反対上奏すれば、陛下が一番お困りになる。軍令部として国防計画実施上不安があるというのなら、適切な手段を講じて最善の努力をし、不安のないようにすべきではないかと懇切に話した。

　軍令部長もよくわかった、上奏は取り下げると言って帰っていった。海軍の先輩として、加藤軍令部長に過誤のないように、陛下にご迷惑をかけないようにとの忠告を試み、加藤氏がこれを受け入れたのだが、「鈴木侍従長が加藤軍令部長の上奏を阻止した」と故意に宣伝された。そして海軍の功労者として尊敬されていた人物が、侍従長として宮廷人となったら寝返ったと、若い海軍士官たちにも反感をかった。

　これは一個人の問題にとどまらず、宮中の側近者にも累が及ぶ印象を与えて、血の気の多い陸海軍人を刺激することに繋がって行った。なお加藤軍令部長は先輩の忠告に従って、改めて協定成立にともなう国防計画を上奏した。その時は祖父もその場に侍立した。

ロンドン会議は、日本側の回訓の趣旨を提示して、日米英三国の条約調印となった。しかし、海軍部内の反発は大きく、反対パンフレットを配布したり、建白書提出事件などが起こったりした。

そして、議会、枢密院でも強い抵抗を抑えて批准に漕ぎ着けた浜口首相が、昭和五（一九三〇）年十一月、東京駅頭で狙撃されるというテロ事件が起こった。その場では一命をとりとめたが、翌年四月に辞任し、八月に亡くなられた。

こうしたあたりから、世の中の空気は混濁の色を増して、軍部は陸海軍とも上層部の勢力が次第に弱まり、代わって青年将校や士官を中心に発言力が強まって行った。やがて右翼団体と手をたずさえての不穏な動きに繋がって行くことになる。

襲撃された天皇陛下と祖父

海外では関東軍の攻勢は勢いを増していった。その中で昭和七年一月の上海事変の収拾ぶりは異例のことといっていい。

日本人居留民への襲撃事件は、長期化する危険をはらんでいたが、白川義則大将が上海派遣軍司令官となった時、陛下は戦争を長期化させず、勝っても敵を長駆追撃しないようにと仰せられた。白川大将は、南京まで進撃すべしという本部の申し入れを断固退けて停戦。陛下のご希望を全うした。

この事は国際連盟にも評価されて、外国武官たちからも、節度ある日本軍に賛辞が送られた。この停戦会議の最中、一朝鮮人の爆破行動により、現地で天長節を祝っていた白川大将は重傷を負われ、第九師団長植田謙吉中将、野村吉三郎海軍中将、重光葵駐華公使らも負傷。白川大将は上海で逝去された。

陛下は大変惜しまれて哀悼の御製を詠まれ、鈴木侍従長が白川家へお届け役を果たした。すべてが秘密裡に行われたのは、軍部の反発を意識しての事だった。

同じ昭和七年一月八日、陛下は陸軍観兵式に行幸されての帰り道、桜田門前で朝鮮人から手榴弾を投げられた。一木宮内大臣の乗った二台目をめざしたもので、陛下と同乗していた祖父は丁度後ろ向きで、炸裂音で気づいたという。一部始終を見ておられた陛下は泰然として、「それは独立党の者だろう」とおっしゃった。

同年三月、軍部の強行で満州国が建国。

民政党の前蔵相・井上準之助、三井財閥の実権者・団琢磨暗殺。

海軍将校らによる犬養毅首相暗殺の五・一五事件と続く。

犬養首相は結果的に大正デモクラシーを推し進め、満州建国に反対の態度をとっていた。この五・一五事件の反逆者に対する軍法会議が、一人の死刑も無しの生ぬるい処罰であったことが、昭和十一（一九三六）年の二・二六事件へと発展する原因ともなった。

こんな物騒な緊迫した時に、何も知らない幼子とはいえ、私はよくあんなに呑気に祖父の元へ遊びに行っていたものだと思う。また侍従長官舎で行われていた霊気の会や英会話のレッスンなども、実際に役だったとはいえ、日常のこととして滞りなく行われていた。

犬養首相亡きあとを引き継いだ斎藤実内閣は、国際連盟を脱退し、国際的に孤立状態となった。下級将校たちの暗躍は危険度を増して、昭和天皇のご心痛はいかばかりか。また軍部や右翼から風当たりが厳しかった宮中の主要部門の方々も、顔ぶれが変わってしまった。

「畏れ多い表現だが」とことわりながら、側近の広幡忠隆氏は、「(陛下は)室内をグルグル回っておられる。まるで猛獣が檻の中で右往左往している、あれを想起させるようなことがあった」と語っている。

弾圧は自由主義の学者たちにも及んだ。

天皇機関説の美濃部達吉も槍玉にあがった。天皇機関説は、天皇は国家の機関であるという学説で、昭和天皇ご自身も、鈴木侍従長や本庄侍従武官長に所感を述べられ、

「天皇は国の元首にして……という言葉があるのは、とりもなおさず機関ということである。(中略)決して悪いとは思わん」と話しておられ、美濃部は不忠者ではないと擁護された。しかし天皇陛下のご見識などが、軍部に伝わった経緯は見られず、いよいよ昭和十一年二月二十六日がきてしまう。

その日の詳細は、序章に書いたが、その後の貫太郎のことを付け加えておこう。

回復後間もなく、北海道で行われた陸軍特別大演習、海軍特別大演習などにもお供し、頑健なところを見せた。だが予め七十歳になった時には侍従長を辞任する決心をしていたので、海軍兵学校への供奉を最後にその旨を願い出た。陛下はもう少しと慰留されたが辞意は堅く、十一月二十日、

八年近くの奉職にピリオドを打った。侍従長辞職に当たり、華族に列して男爵を授けられた。

そして枢密院顧問官専任となり、四年後に枢密院副議長、さらに四年後には枢密院議長となった。

その間にも世界情勢は緊迫し、昭和十五（一九四〇）年、ソ連に対する防共から一歩踏み込んだ日独伊三国同盟が締結され、英米を中心とした連合国と独伊を軸とした枢軸国の対立構図が明確となって、枢軸国に日本も参加する形となった。

祖父は「これはまずいな」と思ったという。昭和十四年には、ドイツがポーランドに侵攻し、第二次世界大戦が始まっている。そして翌々昭和十六（一九四一）年十二月八日、日本はアメリカに対して宣戦布告する暇もなく、真珠湾攻撃の奇襲作戦が実行に移された。

日米開戦、「信念だけでは勝てないのに」

私は、この時のラジオ放送をよく覚えている。まず勇壮な軍艦マーチが流れ、チャイムに続いてアナウンサーの声が聞こえてきた。

「臨時ニュースを申し上げます。臨時ニュースを申し上げます。

大本営陸海軍部、十二月八日午前六時発表。帝国陸海軍は本八日未明、西太平洋においてアメリカ、イギリス軍と戦闘状態に入れり」

ラジオから流れる緊迫した情報は、その場に居合わせた人なら、今もしっかり脳裏に焼きついているに違いない。この日、臨時ニュースは何度か繰り返されて、重々しい「海ゆかば」の曲も流されたことを私は記憶している。

この開戦に先だっての御前会議があった。その席上、原枢密院議長は「外交が先だ」と発言し、貫太郎も無謀な戦争に反対の意向を述べている。枢密院では形式的に「米国及び英国に対する宣戦を布告す」という件が諮詢《しじゅん》されたが、事実に追随するのみの空しいものだった。

枢密院副議長時代から、様々な委員会が開かれ、原議長の依頼により委員長として会議をまとめた。当時の発言はいくつか残っている。

木戸内大臣が、東条英機陸相なら陸軍を抑えられるとして強力推挙して東条内閣を成立させた件に関して、祖父は「木戸君の考えは禍根なり」「大過誤」と評している。開戦についても、絶対勝てない相手に戦争を挑む愚を嘆いている。

また戦時中、東条は枢密院会議に出席し、敗戦続きの戦況について突っ込まれると、しばしば「必勝の信念でゆく所存であります」と答弁していた。

祖父は「東条の信念、信念にも困ったものだ。信念だけでは戦争は勝てないのにねえ」と語っていた。

物量において圧倒的に勝るアメリカ。日清、日露両戦争当時から、科学戦を実践してきた自らの経験を通して、底力を持ち、急速な兵器の進歩を遂げているアメリカとの戦争は無謀であるとの確信が強くなっていく。

この確信は首相となった時、どのように発揮されたのだろうか――。

第五章

終戦内閣への動き

「耳が遠くてもよい、頼む」

空襲から逃れて

太平洋戦争で真っ先に空襲に遭ったのはやはり東京だった。真珠湾奇襲に呼応する形で昭和十七（一九四二）年四月十八日。爆撃機十六機で爆弾を投下した。アメリカでは指揮官の名前をとってドゥリットル作戦と呼ばれている。

それが定期的に頻繁に行われるようになったのは、やはり終戦の昭和二十（一九四五）年に入ってからだが、その前年に、政府は「決戦非常措置要綱」にもとづいて学童疎開を奨励し、学徒動員実施要綱につづいて「女子挺身隊制度強化方策要綱」が決定された。当時の女学校生徒たちも飛行機の部品検査や爆弾製造、軍服の縫製などに動員されるようになった。

当時私は東京女子高等師範学校附属高等女学校（現お茶の水女子大学附属中学校）に通っていたが、上級生も授業を返上して学校工場で働くようになった。

お裁縫室では軍服の縫製をやっていたし、化学実験室では専攻科のお姉様方が武器に関わる作業をしていたようだが、秘密にされていた。カメラが趣味の猪股亀三郎先生は、生徒たちの様子をちらっと撮ったということで、もちろん表沙汰にはならなかったが、私たちは面白がって先生のことを「イノパイ」（猪股スパイ）などという愛称で呼ぶようになった。当局に知られたら、大変なことになっていたかもしれない。そんな時代だった。

三月十日未明、下町を中心とした東京大空襲があり、十万人余が犠牲になった。山の手から見る光景は現実味がなく、遠くから夜空に描かれる花火を見るようだった。この美しさの下では、悲惨な事が起こっているのだろうとの思いは重かった。

私は空襲の地獄絵、恐ろしさを肌身では体験していない。この空襲をきっかけに、多くが縁故を頼って疎開し始めた。前述のように私も母の妹が嫁している茨城県古河の大きな武沢病院へ縁故疎開した。

それが三月末だったが、巣鴨の私たちの家は四月十三日の城北大空襲で焼夷弾の直撃を受けて全焼した。いつも家族が集う居間に置かれていた木彫りの魚籃観音（右手に魚のはいった籠を下げ、左手に蓮の花を持った慈悲深いお姿）が直撃弾を受け、一家の身代わりとなって下さった。私がいたら一番近くに座っていたはずなので、危ないことになっていたかも知れなかった。家は消火活動をする暇もなく焼け落ちてしまい、父と母、兄の三人は、母を真ん中に手を繋いで逃げ延びた。私は辛うじて難を逃れたわけだ。

疎開先の女学校へは十日ほど通っただけで、飛行機に使うベアリングの検査に駆り出された。馬蹄形の金属に鬆《す》が入っていないかを調べる作業だった。そうこうするうちに五月、母から、母校の一、二年生が秋田県石澤村へ集団疎開することになったから参加するようにとの連絡があった。

五月の十日過ぎか、いったん東京へ帰ってきた。その時はもう巣鴨の家はなくなっていたわけだが、私は一度もこの焼け跡を見に行かなかった。目をつぶれば、昔の楽しかった思い出が浮かんでくる。それを酷な現実で壊したくなかったからだった。

私たち一家は、小石川丸山町の祖父の家のご近所、千葉三郎さんの持ち家である二階屋をお借りして、住まいとしていた。その頃は東京から逃げ出す家も多く、空き家が多くなっていたときではあったが、千葉家には色々便宜をはかって頂いた。

千葉三郎さんは戦後自民党幹部の一人として政界で活躍なさった方。ご縁が深く、空襲警報が鳴ると、祖父たちは防空頭巾を被って千葉さんの防空壕へ避難させていただいたりした。後で詳しく記すが、八月十五日に暴徒が首相である祖父の自邸を襲撃した時、家を見過ごして、立派な千葉邸まで行き、引き返してくるといった一幕があったりした。

白羽の矢が立ったのだが

私が縁故疎開した前と後での大きな違いは、祖父貫太郎が首相となっていたことだった。七十七歳の祖父が首相をお受けする事情は、父母からも聞いていた。

昭和二十（一九四五）年四月五日、東条英機内閣に代わって出来た小磯内閣も倒れた後、次の総理大臣を誰にするかということで重臣会議が行われ、貫太郎に白羽の矢が立った。実はその前にお膳立てが決まっていたようだった。

　小磯内閣ではもう駄目だから、次期総理、というより最後の内閣を任せられる人として、初めて貫太郎の名前があがったのはかなり早く、三月の東京大空襲の夜、平沼騏一郎元首相が提案したといわれる。

　初めは賛否両論で、最後まで東条元首相は陸軍の畑俊六大将を総理にと提案していた。だがうまくまとめて一本化したのは岡田啓介元首相だったようだ。そういった噂は家族の耳にも入っていた。貫太郎は「困った事だ」とつぶやき、皆も大反対だった。こんな困難な時期に、老体で総理とは！耳も遠いし……。私の父も家族も本当に心配した。

　四月五日の重臣会議には、枢密院議長だった貫太郎も出席していたが、次期首相に指名されて困惑した。自分は海軍大将でもある。元来政治嫌いで通っていた。「軍人は政治に関与すべきでない」という明治天皇のお言葉を盾に辞退申し上げた。

　重臣会議に出席していたのは、総理大臣の経験がある者で、若槻礼次郎、岡田啓介、広田弘毅、近衛文麿、平沼騏一郎、阿部信行、東条英機。そして内大臣木戸幸一だった。この中で貫太郎就任に反対だったのは東条英機ただ一人。しかし重臣会議ではどうにも説得できないので、では天皇陛下に直接説得していただこうということになった。重臣会議は解散した。

　そして深夜十時過ぎにお召しがあり、参内した。陛下からもどうしても首相になって欲しいとおっしゃられたが、それでもご辞退申し上げた。重ねて「政治にうとくてもよい。耳が遠くてもよいから頼む」と懇願され、ついにお受けしてきた、と祖父は涙ながらに待ち受けている家族に告げた。

しかし、もっと詳しくいえば、陛下にどう懇願されても祖父はお受けせず、一旦下がった末、やっとお受けする決心がついた、というのが真相のようだ。

天皇陛下がいかに終戦を望んでおられるか、それにお応えするには、並大抵のことでは達成出来ない。その機をいかにつかむか。クーデターをふせぎ、内戦にならないようにするには、どうしたらよいか。自分の命を捨てことに当たらねばならぬという決心、諸々の決断がいる。なかなかお受けできなかったことは、私でも察せられる。

陛下が貫太郎をお召しになった時に、ただ一人立ち会われた藤田尚徳侍従長の手記『侍従長の回想』は次のようになっている。

陛下のお声にも、心なしか親しさがこもって感じられる。

「卿《けい》に内閣の組閣を命ずる」

瞬時、沈黙が流れた。暗闇にさえぎられた灯火はほの暗い。窓の外には大内山の森閑とした空気の流れが感じられた。陛下と鈴木枢密院議長と侍従長である私、御学問所には三人だけが立っていた。

私は陛下の次のお言葉を待っていた。組閣の大命降下の場合、組閣を命ずるというお言葉のあとに、「組閣の上は憲法の条規を遵守するよう、また外交のことは慎重に考慮し、無理押しをせぬよう、国内の経済についても大変動を起さぬよう、急激な財政政策をとらぬこと……」

と続けられるのが慣例である。宮内省の記録文書によって、大命降下の際の慣例は、私もよく知っていた。

ところが、鈴木氏を前にして、陛下はこの慣例をお破りになったのである。沈黙なさったまま何もおっしゃらぬ。

《これは無条件だな。無条件で鈴木さんに組閣を命ぜられるのだ》

私はふっと、そのように思った。この時、鈴木氏が深く一礼して、陛下に申上げた。それは次のような要旨のものである。

「聖旨のほど、畏れ多く承りました。唯このことは、何とぞ拝辞の御許しを御願いいたしたく存じます。

本日午後の重臣会議にても、しきりにこのことを承りましたが、固辞いたした処でございます。鈴木は一介の武弁、従来、政界に何の交渉もなく、また何の政見をも持ち合せませぬ。『軍人は政治に干与せざるべし』との明治陛下の御聖諭を、そのまま奉じて参りました。いま陛下の聖旨に背《そむ》き奉ることの畏れ多きは、深く自覚致しまするが、何とぞ、この一事は拝辞のお許しを願い奉ります」

声は低かったが、所信を述べる鈴木氏の態度は毅然としていた。言葉がとぎれると深淵のような静けさが御学問所を包んだ。（中略）

鈴木氏が拝辞の言葉を奏上している間、陛下はまともに鈴木氏をみつめておられたが、終るとニコリと微笑されたようだった。

「鈴木の心境は、よく分る。しかし、この重大な時にあたって、もう他に人はいない」

陛下は、ここで一度言葉を切られた。鈴木氏も面をあげて陛下を見上げる。

「頼むから、どうか、まげて承知してもらいたい」

陛下のお言葉は、まことに異例であった。陛下は鈴木氏に頼むとまで口にされたのだ。大命降下——後継内閣の組閣を陛下がお命じになるのが、憲法の示すところなのに、陛下は「たのむ」と言われた。

陛下の御信任は並大抵ではないのだ。鈴木氏こそ、陛下の持ち駒として唯一の人であった。この御心を拝しては、辞退の言葉を続けられなかったのであろう。

「篤《とく》と考えさせて戴きます」

鈴木氏は深く一礼すると、御前を退いた。(中略)

四月七日午後八時十五分、鈴木大将は再び御前に出て、大命を拝受する旨を言上、陛下もようやく御安心なさった様子であった。

藤田侍従長は「ただ一人侍立して、この君臣の、打てば響くような、真の心の触れ合う場面を拝見して、陛下と鈴木さんとの応答のおことばを耳にしたわたしは、人間として、最大の感激に打たれた。わたしの一生涯忘れることのできない荘厳なる一幕であった」とも記している(『大日本帝国最後の四か月』迫水久常著)。

祖父の宣言「バドリオになる」

「売国奴」と罵られようとも

さて祖父は昔から平和を尊ぶ人だったし、この戦争を収められるのは貫太郎しかいないと首相に推挙されたわけだが、平和とか終戦という言葉を一切口にできない世の中ではあった。

それで首相をお受けして帰宅したとき、

「自分はバドリオになるぞ」と家族にだけもらした。

ピエトロ・バドリオはイタリアの軍人で、ムッソリーニが失脚した後の政権を受け継いで首相となり、連合軍と休戦条約を結んだ人物（ついでながら、一般には日独伊とも敗戦国と思われているが、イタリアは休戦したので敗戦国ではないとしている）。今でも四月二十五日の解放記念日には軍隊パレードや式典が盛大に行われている。コロナ禍の年はパレードは行われず、無名戦士の墓、レジスタンス記念博物館などを大統領、首相らが訪れ、関係者のみのレセプションが行われた。

だが、イタリアの認識とは違い、日本ではバドリオは裏切り者、売国奴と罵られていた。祖父はあえてその名を出して、家族にだけ終戦の意志を伝えたのだった。

父は祖父の言葉を聞き、必ずや暗殺者が現れるに違いない。二・二六事件のこともある。凶弾の盾になれるのは、自分しかいない。そう思うと、暗殺者の銃口の前に自分が立ちふさがる場面までが何度も目に浮かんできて、涙が溢れてきて止まらなかったという。そして一晩まんじりともせず、翌朝、首相の秘書官になる決意を告げた。貫太郎はそうしてくれれば何よりと、安堵した表情で喜んでくれた。

鈴木内閣が発足して閣議決定第一号となったのは、総理のボディーガード兼「耳」となった鈴木一《はじめ》秘書官の席を、首相の右後ろに設けることだったという。以降、父は常にその位置で祖父を支えた。

当時父は農商省山林局長の要職にあった。戦争も末期になり、飛行機を飛ばしたくてもガソリンが不足してきている。それを補うために、松の根からとれる良質の油「松根油」を供出して欲しいとマイクの前に立ち、ラジオで全国に呼びかけたり、運動の中心にいた。

しかし、この役は別の人でも出来る。だが、祖父のボディーガード役は取り替えがきかない。自分しかできない役目だと、一介の秘書官になり、祖父のカバン持ち、盾、耳代わりとなった。貫太郎は一番気の許せる人物が身近にいて安心であるし、相談役にもなった。父は常にカバンを持って祖父と行動を共にしていたが、いざというときには、カバンを盾替わりにしようと思っていた。

父・鈴木一の人となりを少し紹介しておきたい。

大和男は自分の功績を決して誇示しない。それどころか足跡すら消し去ろうとするのが、真の大和男の粋というものである。と、ずっと昔にどこかで読んだ記憶がある。それを読んだ時、「ああ、お父さまは大和男なんだ」と心に深く刻まれた。

例えば競馬ファンでなくても知っている一年を締めくくる重賞レース有馬記念は、父の発案によるものだったし、韓国や在日コリアンの間では知る人ぞ知る人。戦後まもなく外務省出入国管理庁初代長官として、いかに惨めな状態にあった彼等を救ったか。そして父が韓国政府から「文化勲章」を頂いていることも、日本ではあまり報道されず、皆無といっていいほど知られていない。

祖父貫太郎が終戦時の内閣総理大臣となった時、必ずや暗殺が起こるだろうと察し、盾となるべく秘書官となり、祖父のボディーガードとして一番身近な相談役を務めたことも、影の存在でしかない。

体格は祖父ほど堂々と大きくはなかったが、柔道で鍛えた体軀は立派で、情に厚く人に優しく一途なところがあった。身びいきかもしれないが、金銭には無頓着なほどクリーン。身を律することができ、時代感覚は一歩先んじていたようだ。

私が子供の頃は兄と私を相手によく庭でキャッチボールをしたり、軽井沢やスキーに一家で行ったり、家族にとっては愛情あふれるよき父親だった。

「道子ちゃんがなかなか結婚できないのは、お父様のような男性を毎日みているからよ」などと叔母たちに言われたものだった。

首相秘書官になった著者の父親・一（はじめ）＝1945年（提供・著者）

父は二十世紀の初年明治三十四（一九〇一）年十一月二十七日に東京で生まれた。昭和天皇と同年生まれだ。

貫太郎とトヨが結婚して新所帯を持ったのが明治三十（一八九七）年牛込榎町だった。翌年長女さかえが誕生。三年後に長男一が誕生したのは、祖父がドイツ駐在のためベルリンに到着して間もなくの時だった。年若い妻を一人残し、夫なしで出産させたことを、祖父はとても不憫《ふびん》に思ったようだった。それから帰国後三年たって次女ミツ子が誕生する。六歳違いの兄妹は終生仲がよかった。

父は相当なお母さん子だった。また母親のトヨも殊のほか長男を可愛がったようだ。数え年五歳の夏、祖父が日露戦争からめでたく凱旋してきた。初めて見る髭の大男。父は母親や伯母たち女手で育てられたので、貫太郎がとても怖い存在に思われた。いつでも母の膝に頼りきりで、父親にはまったく寄り付かなかったらしい。

鈴木内閣の最も重要な役目の内閣書記官長（現在の内閣官房長官）は迫水久常さんが務めて下さった。父と第一高等学校、東京帝国大学時代の友人である迫水さんも、当時大蔵省銀行保険局長の要職にあった。貫太郎が頼りにしている岡田啓介元首相の娘婿で、秘書官も務めたキャリアがあり、岡田さんの強い要請に従って職を辞して大蔵省から組閣本部に直行した。以降、鈴木首相の片腕として重要なお役をお務めいただくこととなった。

実は岡田家と鈴木家とは、ご縁が深い。血はつながってはいないが姻戚関係にある。迫水夫人万亀さんは岡田元首相の長女。三女の喜美子さんは貫太郎の弟鈴木孝雄の次男・英に嫁いでいる。

組閣本部となった祖父の自邸。不穏な情報があり緊張が走る＝（提供・著者）

そしてもう一人、父の従弟・鈴木武も秘書官になった。彼は鈴木孝雄の長男。そんなことを考えると、鈴木首相の身辺は、計らずも縁者が固めていた感がある。祖父も心を許して、相手の裏の意図など気にせず仕事に専念でき、難関を切り抜けられたのだと思う。

組閣本部は小石川丸山町の自宅

鈴木内閣発足のための組閣本部は、小石川丸山町の家に置かれた。政治には疎い貫太郎に、岡田啓介元首相が相談役となり全面的に関わって下さって、要人を配すことができた。岡田さんは海軍兵学校で一期後輩ながら早くから政界にあって活躍され、首相にもなられた方で、貫太郎を首相に導いた。

組閣に当たって、真っ先に祖父自身が一《はじめ》秘書官を同道して交渉に向かったのは陸軍省。前陸相杉山元《はじめ》・大将に会い、阿《あ》南惟幾《なみこれちか》大将を陸軍大臣にしたい旨を伝えた。

阿南さんは祖父が侍従長の時に陸軍中佐で侍従武官として四年間共にご奉仕した仲だった。誠実な人柄にも信頼が置けるし、陛下も「アナン」と呼び御信任が厚く、自身も陛下のお考えがわかっておられた。陸軍は阿南大将を陸相として出すに当たり、条件を三つ出した。

一、あくまで戦争を完遂すること。
二、陸海軍を一体化すること。
三、本土決戦必勝のために陸軍の意図する諸政策を具体的に躊躇なく実行すること。

これに対して貫太郎は、予期に反して「いいでしょう」とあっさりのんで帰ってきた。こちら側もびっくりしたが、陸軍も拍子抜けした形だった。組閣人事交渉に当たって陸軍大臣を最優先した事も含めて面目が立ったのに違いない。陸軍大臣はスムーズに阿南大将に決まった。考えてみると、これが阿南さんでなく他の軍人だったら、終戦はどうなっていただろうと思う。

次に祖父が直接電話をし、お願いにすぐに応じて下さった方の中に、村瀬直養《なおかい》氏がいる。法制局長官をお願いした。村瀬氏は戦争が始まった時に、「馬鹿な事を始めたものだ。馬鹿な事を！」と怒っていた人であり、第二次、第三次近衛内閣時の法制局長官だったので、東条首相から留任を望まれたが断っている。小磯内閣でも同様だった。

村瀬氏が貫太郎の願いを速やかに受けて下さったのは、祖父の人柄と真の心の内を信頼していらしたからだった。迎えの車にすぐに乗って、組閣本部に駆け付けてこられた。表面にはあまり出てこないが、陰で重要な仕事をなさっている。村瀬氏の次女純子さんは、私の小学校時代からの親友だった。

後から眺めると、米内光政氏の海軍大臣は当然のように見えるが、実際は結構難航した。米内氏は小磯内閣の時の海相であり、首相とともに内閣を牽引してきた責任から申し入れを断わり、その代わり井上成美次官や長谷川清大将を推薦した。

米内氏とは海軍時代から立場を同じくし、和平派であり、陸軍を牽制できる人として必要な人物だった。結局ねばって留任を受け入れて下さった。しかし案の定、陸軍省からすぐに横槍が入った。

鈴木内閣組閣本部（祖父の自邸）に入る阿南惟幾陸軍大将＝（提供・朝日新聞社）

しかし、これも何とか収めた。

さて最後に決まったのは、東郷茂徳氏。彼は、総理がいち早く終戦に向かうと表明しない限りは、外務大臣をお受けしない、と最初は協力を拒んだ。たとえ味方だとしても今は総理の腹の内を誰にも明かす事はできない。それで四月七日の親任式には間に合わず、一時総理が外相を兼任することとし、改めてお会いして「外交方針はすべてお任せする」と説得し、やっと受けて頂けた。

ピストルを持った暗殺者の情報も

丸山町の家で組閣を始めたとき、ちょっとした騒ぎがあった。母がある情報を耳にして、大急ぎで家に帰ってきたのだ。

不忍通りをはさんで丁度お向かいにあった豪邸は、財界の大物、堤康次郎氏の邸宅。奥方の堤文子さんたちが住まわれていた。池のあるお庭は広々としていた。母に連れられて私も一度伺ったことがある。母とは日本女子大の同窓生のよしみで、時々お訪ねしたりしていたのだ。だが、「お宅を見張っている男がいるのよ。憲兵かしら？　特高？　誰が出入りしているか、メモしているようだから、ご注意なさいませ」と教えて下さった。

それで一時組閣の場所を変えた方がいいのではないかと議論になったが、祖父は「お布美さん、心配しなくても大丈夫ですよ」といって、気にせず組閣を進めたという。

しかし懸念は懸念だけではなかった。憲兵司令部から「組閣阻止」の意見が出たし、五・一五事件の首謀者（三上卓、四元義隆）らが組閣本部にやってきた。拝辞するようにと迫るつもりだったのに、逆に祖父に「よろしくご指導ご援助を」と言われてしまったとか。実際にピストルをもった暗殺者（渡辺祐四郎）も現れたが、逆に祖父の覚悟に心服して帰っていった（『聖断』半藤一利著）。

ボディーガードを志願した父の心配は、組閣の段階からもう当たっていたのだ。

鈴木内閣の閣僚がほぼ決まった段階で、祖父は首相官邸へ向かい、米内海相留任など、小磯前首相の了解をとり、続いて近衛文麿、平沼騏一郎、若槻礼次郎各重臣を訪ねて今後の見守りをお願いし、よい結果を得ている。但し、東条英機邸へは行かなかった。

四月七日の内閣親任式では、外務大臣・大東亜大臣を総理が兼任という形だったが、九日には東郷氏が決定した。

第四十二代鈴木内閣の顔ぶれは以下の通り。

内閣総理大臣	鈴木貫太郎
外務大臣兼大東亜大臣	東郷茂徳
内務大臣	安倍源基
大蔵大臣	広瀬豊作
陸軍大臣	阿南惟幾
海軍大臣	米内光政
司法大臣	松阪広政

文部大臣　太田耕造
厚生大臣　岡田忠彦
農商大臣　石黒忠篤
軍需大臣　豊田貞次郎
運輸通信大臣（兼）　豊田貞次郎
運輸大臣　小日山直登
国務大臣（情報局総裁）下村宏
国務大臣　左近司政三
国務大臣　桜井兵五郎
国務大臣　安井藤治
内閣書記官長　迫水久常
法制局長官　村瀬直養
綜合計画局長官（後）　秋永月三

（なお、貫太郎の所属政党として「大政翼賛会」とするものもあるようだが、祖父は大政翼賛会が嫌いだった。首相になると総裁に就任するこれまでの慣習を改め、三か月後には解散させてしまった）

皇居で行われた親任式を終え、慣例に従って、新首相として大宮御所の貞明皇太后に御挨拶に上

鈴木内閣閣僚。貫太郎首相の向かって右は米内光政海相。後列右端は迫水久常書記官長。同左端は阿南惟幾陸相＝1945年4月7日（提供・朝日新聞社）

がった。皇太后さまは貫太郎に椅子を勧められ、静かに話し出されたが、途中でハンカチで涙をぬぐった。

「若い陛下が国運興廃の岐路に立って、苦悩遊ばされています……。鈴木は陛下の大御心を最もよく知っているはずです。どうか親代わりになって、陛下の胸中の御軫念《しんねん》（心痛）を払拭してあげて下さい。また、多数の国民を塗炭の苦しみから救って下さい」

異例のお言葉。皇太后さまの涙ながらのお頼み、それも「親代わりになって」との言葉に、祖父はいたく心をうたれたという。

第六章

終戦までの百三十一日間

天皇のお気持ち、祖父の思い

勇武なるカルタゴの民は消えた

昭和二十（一九四五）年四月七日深夜、老齢七十七歳の祖父鈴木貫太郎を首相とした鈴木内閣が発足した。親任式を終えて総理官邸の居間に落ち着いた時、何気なく見やった窓の外には、満開の桜が静かに咲き誇っていたという。祖父は『鈴木貫太郎自伝』に収められた「終戦の表情」の中で、この夜の思い出を次のように語っている。

『桜の散りぎわの如く潔く』というのが日本人の武人の心構えであり、国民の心境である。だが、余はふと心の底で考えざるを得なかった。悠久の大義に生きるとは何を意味するのであろうか。国家そのものが滅亡して果たして日本人の義は残るであろうか。生命体としての国家の悠久を万世に生かすとは、国家が死滅して果たして残し得るものであろうか。ローマは亡びた。

カルタゴも亡びた。カルタゴなどは歴史的にその勇武を謳われてはいるが、その勇武なる民は今いずこにあるであろう。一塊の土と化しているに過ぎないではないか。

余はこのまま戦争を継続して行けば、日本の滅亡は誠に明らかなことであると常々考えていた。（中略）

いったん大命を拝受した上からは、誠心誠意、裸一貫となってこの難局を処理して行こうと深く決意したのである。しかも余の決意の中心となったものは、長年の侍従長奉仕、枢密院議長奉仕の間に、陛下の思召が奈辺にあるかを身をもって感得したところを、政治上の原理として発露させて行こうと決意した点である。

陛下は真に戦争を欲しておられなかったと余は拝察している。昭和十六年新春の御製には、

峯つづきおほふむら雲吹く風の早くはらへと只祈るなり（中略）

ところで、陛下の思召はいかなるところにあったであろうか。

それはただ一言にしていえば、すみやかに大局の決した戦争を終結して、国民大衆に無用の苦しみを与えることなく、また彼我共にこれ以上の犠牲を出すことなきよう、和の機会を摑むべし、との思召と拝された。

もちろん、この思召を直接陛下が口にされたのではないことはいうまでもないことであるが、それは陛下にたいする余の以心伝心として、自ら確信したところである。だがこの内なる確信は当時としては、深く内に秘めてだれにも語り得べくもなく、余の最も苦悩せるところであった。

国民に向けて放送をする新首相＝1945年4月8日（提供・朝日新聞社）

戦いを始めるは易し、収めるは難し。

祖父のこの時の心境と決意が、終戦まで固く受け継がれていったのだと思う。

翌四月八日、慣例に従い首相談話がラジオを通して国民に伝えられた。その大要は従来の戦時中の首相と同様に、戦って、戦って、戦い抜いていくなら、勝利の機会がくるものと確信する、といったように聞こえたかも知れない。そうした中に挟み込まれた一節。

「私の最後の御奉公と考えますると同時に、まず私が一億国民諸君の真っ先に立って、死花を咲かすならば、国民諸員は私の屍を踏みこえて……」

　この決意の言葉は、なかなかに意味深長だった。一般にはこれも戦闘の先頭に立って討ち死にするという戦意高揚の言葉と受けとられただろうが、真意は他にあった。祖父自身の証言では、

「『国民よ我が屍を越えて行け』といった真意には次の二つのことが含まれていた。第一に、余としては今次の戦争は全然勝ち目のないこと（中略）。第二に余の命を国に捧げるという誠忠の意味から彼《か》のことをあえていったのである」（『鈴木貫太郎自伝』に収録「終戦の表情」）。

　その気持ちに一歩踏み込んだ形で、私の父は同じ『鈴木貫太郎自伝』の一項「父と私」として、感慨を述べている。

「今や父は、自らこの国賊となり、バドリオたらんとしているのである。国賊は当然殺されねばならぬ。そしてその屍は踏みつけられるであろう。だが日本民族は残るのだ。これを覚悟した父の心境は、まことに悲壮きわまりないものであったといわねばならない」

父と子ともに我が身を顧みず、終戦へ向かって覚悟の進行を開始したのだなあと感慨深い。

こうした真意を理解していたのは、父だけではなかった。内閣書記官長の重責を担う迫水さんも見抜いていらした。祖父の甥の武さんも。いわば身内の者はわかっていた。しかし、かつて海軍で意見や立場を同じくし、閣内でも和平派で知られた米内海相でさえ、一時期祖父の真意に疑問を持たれたように、ほとんどの閣僚には、本当のところわからなかったと察せられる。

その中で、阿南陸相、村瀬法制局長官は、祖父の真意をよく理解していらしたのだと思う。

さて鈴木内閣が成立したことに、マスコミはどんな反応を示したのか、私は興味があった。

マスコミの反応はどうだったか

この内閣を新聞各紙はどんな風に伝えたのだろう。

○昭和二十（一九四五）年四月八日付の朝日新聞

「新内閣の性格

　　陸海両相に偉材

　重臣、強力に支持

本土決戦の段階にこの尽忠内閣を見出したことは国民としてまずおおいなる拠りどころを得たと感ずる」

○同紙の大阪版

「百錬の超弩級『鈴木戦艦』出撃す
　乗るは一億・行手は一つ勝利か死」

○同日の毎日新聞
「老軀・国民の最前列
　驕敵撃攘に邁進
　　鈴木首相烈々の第一声
内閣の動向
　政戦両略の一体化
　首相の〝新方式〟注目
内務行政に強力措置」

○四月七日の読売報知は「鈴木内閣に望む」として、
「出よ強力〝特攻〟内閣
　持駒なき鈴木大将に期待
新内閣に寄せる切々の情、それは期待、希望という比でなく正に悲願というべく（中略）勝つまでは断じて退かざる最終の戦争内閣いでよ」

こうした論調の中からは、せっぱつまった空気が感じられ、「本土決戦」「特攻」などの言葉もあるが、その後ろに従来の内閣のように戦うばかりでなく、何かやってくれるのではないかといういくばくかの新たな展開を望む姿を見るような気もする。

新内閣へも新たな期待を寄せるというお手紙が次々に寄せられた。

ではアメリカの一般庶民やマスコミはどうか。

一般論としては、それまで政治面に登場してこなかった鈴木貫太郎の知名度は低く、戦時下のイメージ通り敵国ジャップの新首相として以上の扱いはされていなかったと言っていいと思う。四月十六日の「ニューズウィーク」誌などは、貫太郎の写真を、政友会の頭目鈴木喜三郎氏と間違えて掲載する始末だ。だが内容は、東京に於ける政変が終戦工作への道を開くのではないかとの予測が盛られている。

またタカ派で知られる軍の機関紙的存在「スターズ・アンド・ストライプス」紙もいち早く、「海軍大将男爵鈴木貫太郎が新首相になったからには、遠からず戦争に終止符がうたれるであろう」といった予想を報じているし、同じ性格の「ジ・アーミー・アンド・ネイヴィー・ジャーナル」紙も、鈴木内閣の出現それ自体が平和への序曲なのだというコメントを掲げている。

進歩的な「クリスチャン・サイエンス・モニター」紙も「和平模索の兆」と、同様の観測を示していて、「ニューヨーク・タイムズ」紙は、鈴木首相が戦前、軍閥の征服政策に反対した人として、その新内閣がアメリカならびに連合国に対して平和工作の接触をするであろう、という予測を載せている。

「ワシントン・ポスト」紙も「男爵鈴木貫太郎提督が日本の平和攻勢の立役者となる模様である」と、同様の論調を掲げている（『平和の海と戦いの海』平川祐弘著、『宰相鈴木貫太郎』小堀桂一郎著ほか）。

米国に向けた、祖父の秘密のサイン

祖父は、「あくまで勝つ」と国内では徹底抗戦の姿勢を崩さなかったのだが、実際は海外に向けて密かに「ピース・サイン」を送っていた。

鈴木内閣が発足して一週間も経たない四月十二日、アメリカ大統領フランクリン・D・ルーズヴェルトが脳溢血で急逝した。これに対してすかさず同盟通信を通じて発信している。

「日本首相鈴木貫太郎は、ルーズヴェルト大統領の死去に際して、偉大なる指導者を失ったアメリカ国民に対し、深甚なる弔意を申し述べる」

と英語放送で海外に発信した。これに続けて同盟通信の代表はさらに、この日本の国家的危機に際し、難局を乗り切るべく、何故、高齢にもかかわらず、鈴木提督に国政の手綱がゆだねられたか、という理由を説明するものであるとして、

「その弔意の表明はまたとりもなおさず、何故、鈴木提督が自分では政治については全くの素人と言明したにもかかわらず組閣の大命を拝受したか、という理由をも説明するものである。別の言い

方をすれば、鈴木提督は日本の戦争目的達成と世界のすべての国の安寧に貢献する努力をなすべく総理大臣の重職に就いたのである。……」

と続けている。

日本の総理大臣から米国国民へ弔意が送られたことを知った波紋は、世界へ広がっていった。ドイツからアメリカへ亡命した著名なノーベル賞作家、トーマス・マン（『魔の山』等で知られる）が感激し、「ドイツの聴取者諸君！」というドイツ国民向けの放送で、

「あの東洋の国日本には、いまもなお騎士道精神と人間の品位をもった武人がいる」

と称えて、ドイツと日本両国の差異の大きさを嘆き、叱咤した。敵国の大統領に対する哀悼の言葉を、スイスはじめ西欧諸国も驚きをもって受け止め、貫太郎のアメリカへのピース・サインは世界が知るところとなった。

またこれも首相に就任して二か月後の六月九日、第八十七臨時帝国議会が開かれた時のこと。施政方針演説の中で、三十年近く前の思い出話が挿入された。先述したスピーチのことだ。

かつて大正七（一九一八）年、練習艦隊司令官としてアメリカ西海岸を航海し、サンフランシスコでの歓迎会の席上でスピーチを披露した。日本人は世界中でもっとも平和を愛でる国民であり、日米戦争は理由なきことと語り、

「太平洋は名のごとく平和の海にして、日米交易のために天の与えたる恩恵なり、もし、これを軍隊輸送のために用うるがごときことあらば、必ずや両国ともに天罰を受くべしと警告したのであります。しかるに……」。

この三十年も前の演説が議場で大問題となった。事前に閣僚間で審議した時に、「両国ともに天罰を受くべし」を「天譴《てんけん》必ずやいたるべしと警告した」と改めよということだったが、祖父はそれでは意味がなくなるとして、元通りで演説したのだった。

このスピーチ部分こそ、アメリカに向けたサインだった。

だが日本では案の定問題となり、議場は一時騒然となった。

これでは「当然日本も天罰を受けねばならなくなる。このことは宣戦の詔勅に、天佑を保有しと仰せられているのと矛盾するではないか」と護国同志会の小山亮議員に詰め寄られた。祖父はやむなく不本意ながらの答弁を行い、議会はなんとか収まったものの、議場で「反逆者」とまで罵られた。

国を治めるには、小魚を煮るように

閣僚からネジを巻かれた貫太郎首相

スピーチ問題では、老将の態度に怒った米内海相が辞任をほのめかす一幕もあった。これにはおなじ海軍畑の左近司国務相や豊田軍需相などが気をもんで米内海相を諫《いさ》めた。直接会えない事情の阿南陸相までが、手紙で翻意を促したという。

それでも涙ぐましいサポートぶりで鈴木内閣を支え、やっと再び軌道に乗った。だが米内さんには「首相はタガがゆるんできた。しっかりネジを巻いてやらなければいかん」と言われ、海軍出の三閣僚に、祖父は本当にネジを巻かれたようだった。

当のご本人はというと、「心配することはありません。米内君が辞めるようなことはありませんよ」。泰然としていたと聞いたが、耳代わりの秘書である父が議会には同席できなかったのかと残念に思う。そして改めて〝耳〟〝相談役〟の重要性を痛感した。

また騒然となった議場の様子が、当の総理の耳にはどの様に聞こえたたか。いとこの武さんが祖父に聞いたところ、「そうだね。たくさんのカエルがいっぺんに鳴き出したような声がきこえてきて、その間からとぎれとぎれになにやら単語が耳もとに届くようだね」と笑いながら言ったという（『怒濤の中の太陽』）。

首都を焼野が原にしていった東京大空襲は、さらに五月二十五日、二十六日未明にかけて、宮城（皇居）や首相官邸も爆撃・炎上させた。宮城は直撃弾ではなく類焼によって本殿が焼け、官邸は祖父母の居住区だった日本式公邸が炎上した。衣服や調度品、国内外から頂いた勲章も全部ここで焼失してしまった。

祖父は防空壕から出て屋上にかけ上がり、皇居の方を凝視していたが、申し訳なさで深く首《こうべ》をたれたといわれる。宮城本殿を焼いたのは参謀本部からの飛び火だった。

「満州事変、支那事変を起こして日本帝国を破局に導いた歴史を象徴するかのようであった」と半藤一利さんの『聖断』には書かれている。

また祖母は「主人の下着といえば、海軍のラクダのシャツだけ。最後のつもりで使っていた調度類は全て灰となりました。惜しまず使っておいてよかった」と述懐している。

「迫水君、その極意でいきましょう」

こうした激しいＢ29の空襲を受ける中で、重要閣議が中断されることなく行われたのは、頑強な建物があったからだった。そこは「ペトンの丘」と呼ばれていた。巨大な半円筒を横に倒したような形の特殊コンクリート（ペトン）の頑丈な建物は、戦争中に電信室として建設したもの。一見石造りに見えるが、五十トン爆弾にも耐えると言われた。この中でしばしば閣議が開かれたのだが、今も永田町にあり、防衛庁の旗がはためいていたこともあった。

沖縄の戦況も、なんとか踏みとどまってほしいと念じていたが、勝利どころかアッという間にもはや救いようがなくなってきた。世間との軋轢が日増しに高くなってきたころ、官僚出の迫水書記官長への風当たりも激しくなっていった。あれこれあっても耳が遠いことにかこつけて、万事を馬耳東風とかわしている首相に、ある日、迫水さんはメモに鉛筆書きで一首。首相の机の上に置いた。

親おもふ子のまごころはよそ人の
　知らざるところよ知るを求めず

すると鈴木首相は翌日、迫水さんを呼んで、「いい歌をありがとう。」、そのお返しに、これを差し上げます」と色紙を渡した。それには墨で七文字。

「治大国若烹小鮮」

祖父の座右の銘である『老子』の教えだった。第一章で記したが、大国を治める者は小魚を煮るように、小事にこだわるなという教え。

「迫水君。何ごともその極意でいきましょう」

鈴木首相の政治のやり方は、万事このように行われるのだと会得した、と迫水さんは回想してお

絶望的な戦局のなか、横浜の戦災を視察する。左端は著者の父で、首相秘書官の一（はじめ）＝1945年6月3日（提供・朝日新聞社）

られる。

こんなこともあったという。かつて祖父の部下だった小林尭太《ぎようた》・元軍医大尉が、岡山から祖父の主治医として健康管理をすべく駆け付けて下さった。過労続きの首相に、時にはビタミン注射をしようと願っても、医療に無頓着な首相に断られてしまう。小林主治医は結局閣僚の方々の健康相談役を務めて、内閣直属の医務室長のようになった。

また多くの内閣辞令などを書く専門の書家に、奥田光太郎さんが任命された。彼は祖母をはじめ鈴木家一族の書道の先生で、私もお手本をよく書いていただいた。後に奥田家山《かざん》として高名な書家となられた。ずっと後のことだが、関宿の実相寺にある「鈴木家の墓」の文字も、奥田先生に書いていただいた。

祖父が新内閣を率いて真っ先に取り組んだ政務は、本当の意味での「国力の現状」を、改めてあらゆる角度から調査することだった。これによって、戦争の行く末を予測することができる。早速、秋永月三・綜合計画局長官（陸軍中将）を中心とした、いわば秘密裡の委員会が設立された。

メンバーとして計画局、外務省、大蔵省、軍需省、陸軍省、海軍省から有能な人材が集められた。この委員会の懸命の調査によって、五月中・下旬には集計がまとまった。調査は軍需、資源にはじまり、いずれも急下降線が記されていた。空襲による被害予測もほぼ絶望的。民心の動向にまで及んだ調査では、「国民道義の頽廃の兆あり」と率直に記されていたという。

この調査によって、日本は八月まではなんとか保つが、九月を限度とするという結論に達した。しかし、そのことは一切口外できない。内にのみ秘めて、祖父・貫太郎は終戦への手掛かりを求めることになる。

和平へのソ連工作

一体誰が、ソ連仲介案を？

太平洋戦争最後の内閣として、とにかく何らかの結論を出したいと、五月十一日に最高戦争指導会議が行われた。

構成メンバーは内閣総理大臣、外務大臣、陸軍大臣、海軍大臣、陸軍参謀総長、海軍軍令部総長の六人。みな忌憚のない意見を交わし、三日を要して一応の結論が出た。

ここで改めてソ連の重要性が浮き彫りにされた。すでに五月八日、ドイツが降伏したこととも関連する。日本はソ連と日ソ中立条約を結んでいるが、もしソ連が参戦してくるようなことがあっては致命傷になる。実際、ソ連はドイツ降伏と同時に、ヨーロッパ戦線の地上軍隊をいち早くシベリア鉄道で極東へ向けて移動させていたのだ。参戦をなんとか阻止しなくてはならない。

しかし何らかの形でソ連が日本に要求してきたならば、やむを得ない、「南樺太の返還、漁業権の解消、津軽海峡の開放、北満に於ける諸鉄道の譲渡、内蒙に於けるソ連の勢力範囲、旅順、大連の租借を覚悟する必要がある。更に千島北半を譲渡しても止《や》むを得ないが、南満州は中立として満州帝国の独立を維持することとし、なお支那については、日ソ支三国の共同体制を樹立することが最も望ましい」といった結論に達したという（『機関銃下の首相官邸』迫水久常著）。

ソ連から要求された訳でもないのに、事前にここまで譲る覚悟があったのか、といささかびっくりする。この会議でソ連を中心とした議論を提案したのは東郷外相だった。彼の見通しとしてはソ連の参戦を防止するのは難しいだろうから、むしろ米国と直に終戦の交渉をする時ではないかと主張した。しかし軍部としては面子もあり、それは出来ない、ソ連を仲介に立てて講和を計りたいと申し出た。結局その目的でソ連工作を活発に展開しようという意見で一致した。

全く信用のおけない国を仲介にしようと言い出したのは、一体誰なのだろうと、私は長らく思っていた。『木戸幸一日記』の昭和二十年六月八日の記述は次のようになっている。

「一、天皇陛下のご親書を奉じて仲介国と交渉す。
対手国たる米英と直接交渉を開始し得れば之も一策ならんも、交渉上のゆとりを取るために、寧《むし》ろ今日中立関係にある蘇聯をして仲介の労をとらしむるを妥当とすべきか」

これが木戸のいわゆる「時局拾収対策試案」の源なのかと、やや納得したのだが、日付的にいうと五月の最高戦争指導会議の結論の方が早いことになるなと、ドイツ降伏の余波の大きさを思った。

ソ連外交はひとまずおき、それ以外に終戦の手掛かりになる国はなかったのだろうか？　実は何件かあることがわかった。初めて知ったのは、保阪正康さんのお話からだったが、スウェーデン、スイス、ヴァチカンなどの和平工作をあげられた。保阪さんの著書『陰謀の日本近現代史』にも以下のように書かれている。

一、スウェーデン
同国駐日公使のウィダー・バッゲが任期を終えて帰国する時に、当時の外相の重光葵との間でアメリカ、イギリスに和平を持ち掛けるという話し合いがあった。
二、スイス
中立国スイスにおけるアメリカの情報機関に、日本大使館の海軍駐在武官の藤村義一が接触を試みた。
三、ヴァチカン
アメリカの情報機関（ＯＳＳ）の工作員がヴァチカンの日本公使に接触してきたケース。

こうした工作はどれも実を結ばなかった。その理由を保阪さんは前掲書で次のように記している。

日本側にこうした工作への国家的な統一見解がなかったからだ。
軍事の側の威圧を恐れ、外務省もいずれの側の工作にも不安があったということになる。

（スウェーデンの）バッゲのルートは雲散霧消。スイスでの藤村の接触にはアメリカ政府は、その立場が明確でないかぎり対応するなと命じている。軍事政策での日本降伏を考えていたからだ。

バチカン工作は無条件降伏の要求であったから、外務省と政府は無視することになった。ソ連の仲介よりも可能性のある工作はこの3つの中にあったと思われるが、その検証は戦後も行われなかった。

辻政信、阿南、瀬島龍三、広田弘毅……錯綜する人たち

この他、中国・重慶との和平工作もあった。意外にも終戦内閣で主戦論を主張していた阿南陸相が、和平工作に乗り出している。重慶にいた辻政信参謀と交渉して、和平工作をしてほしいと申し入れたと聞いていたが、実は内閣の新方針として、現地機関が直接重慶側にコンタクトする意図で、阿南陸相の責任に於いて実施されることとなったというのが真相のようだ。

しかし仮に成功したとしても、米英との全面戦争の停戦には至らないと思われるが、阿南陸相は単独講和でも停戦に漕ぎつけて、更に全面和平へ繋げる望みをもっていた。いずれにしても、辻からはだめだと一言で断られてしまったという。背景には、その二年前に辻が支那派遣軍総司令部に派遣された時、南京で辻を出迎えた三石照雄に対し「今度来たのは重慶に行って和平をするのが私の本心である」と言ったことと関係がある。

昭和十九（一九四四）年、辻は「国民政府要人だった繆斌《ぼくひん》と渡りをつけ人間関係を築いていた。

繆斌は、重慶特務の軍統の戴笠《たいりゅう》将軍を通じて蔣介石につながっていると言われていた。だが、この交渉が成就することはなかった」（『辻政信の真実』前田啓介著）。

外交というものが不慣れな日本は、結局あまり信用出来ないソ連に頼ることとなった。四月五日、ソ連が日ソ中立条約を一年間は有効としながら、破棄を通告してきた事情は、どう考慮されたのだろうか。

祖父は海軍中佐時代、駆逐艦「春日」の副長として日露戦争に参加して武勲を立てている。その経験を通して、ソ連仲介には反対だった。東郷外相も、ソ連を通さず直接米英に交渉すべしという意見だった。しかし敗戦が明らかなななかで軍部は面子にこだわり、ソ連仲介を提案した。これにはその前年七月に陸軍参謀本部が結論づけた研究で、終戦に関する窓口はソ連に期待するという案があったことも見逃せない。

また陸軍の「陰の参謀総長」ともいわれた瀬島龍三が、一九四四年末にモスクワを訪れていることも、伏線になっているかもしれない（『日本のいちばん長い夏』半藤一利著）。

いずれにしても、陸軍が提案したソ連仲介案が結論となった。そして終戦内閣の決定事項として正式に行われたソ連和平工作は、六月三日、元首相で外相の経験もある広田弘毅に依頼して、ソ連の駐日大使ヤコフ・マリクに会いに行くところから始まった。

広田はその前年からマリクに探りをいれていたので、広田からの申し越しに、箱根に疎開していたマリク大使は、一応は会って意見交換をした。しかし、日本はソ連の立場も理解しているし、友好関係をさらに深めたいとする希望に対し、ソ連はずっと友好関係を保ってきたではないか。日本は余り協力的でないので、今や日本不信の声も高いのだと反論して、夕食の誘いにも応じなかった。その後月末になって二回会談しているが、マリクは本国政府に伝えると約束しながら、結局うやむやの内に会談を終わらせてしまった。

驚いたことに、その間に憲兵が広田に、平和工作は軍の規定に反するとして事情聴取をしたのみならず、マリク大使にも会見を求めるなどの不都合があったという。そんな中では、たとえ多少の好意があってもいい関係が築けるはずがない。だがその後も日本はソ連駐在の佐藤尚武大使に広田・マリク会談の結果を確認させた。

いよいよポツダム宣言が出された

七月に米英ソの首脳会議がポツダムで開かれるという情報が入ってきた。それ以前に和平の道筋を付けておきたい。

そして特使として近衛文麿が天皇陛下の親書を携えてスターリンと会談するために派遣されることとなった。しかし、その旨を佐藤大使がモロトフ外相に伝えようとしたが断られ、外務次官に伝えるのが精一杯で回答のないまま、モロトフはスターリンとともに七月十七日から始まるポツダム会談へ行ってしまった。

後日、日本の提案は抽象的で意味不明の点が多く、近衛特使の持ってくる和平条件を明確にしてほしいという回答がきた。

またこれは後になって知れたことだが、二月の米英ソ首脳によるヤルタ会談では、ドイツ問題が主ではあったが、同時にドイツが降伏したら三か月以内にソ連は日本に侵攻するという密約まで交わしていたのだ。

日本はまったく翻弄されっぱなしだった。逆にソ連の方では日本が停戦を望んでいることがわかり、チャーチルとトルーマンにその旨を告げた。

いよいよポツダム宣言が発表される。七月二十六日付で、チャーチル、トルーマン、蔣介石の名前による三国の共同宣言は、翌日早朝海外ラジオ放送でキャッチされた。この時点でソ連はまだ参戦していなかったので、スターリンの名前はない。

ポツダム宣言は全面的な無条件降伏を迫るものではなく、十三項目にわたるもので、ドイツに対する苛酷な扱いより、寛容な宣言だと解釈される。

例えば「十一、日本国はその経済を支持し、かつ、公正な実物賠償のとりたてを可能にするような産業を持つことを許される。ただし、日本国をして戦争のために再軍備させるような産業は認めない。このような目的のため、原料の入手は許される。日本国は、将来、世界貿易への参加を許される」とあり、日本人を民族として奴隷化しようという意図がないことなども含まれている。

しかし日本の侵略批判、戦争犯罪人の処罰なども謳われ、「日本国の主権は本州、北海道、九州、四国とわれわれがきめる諸小島に局限される」といった項目もある。

最終章は「十三、われわれは、日本国政府がただちに日本国軍隊の無条件降伏を宣言し、かつ誠意ある行動に移れば、適当にしてじゅうぶんな保障を与えることを日本政府に要求する。これ以外の日本国の選択は、迅速かつ完全な壊滅しかない」。

ポツダム宣言は東郷外相によって天皇にも伝えられた。東郷氏も祖父も当然この最終宣言は受けるべきものと思った。政府は午後二時に閣議で討論した。

これは一読して連合軍が日本に対しての最終的な攻撃を始める予告でもあり、太平洋戦争に終止符を打つものでもあることが明白だった。閣議では主に東郷外相が説明し、和平の鍵となるので慎重を要すると語った。様々な議論の末、ソ連仲介の回答を待ってからでも遅くはないとして、政府の公式見解は発表しないという結論で落ち着いた。

しかし陸軍側が黙っていない。ひっきりなしに反対の陳情がやってきて、ついに陸相や参謀総長から申し入れがあり、新聞記者会見の際にそれとなく首相から触れるという次第となった。そして、「記者側から『ポツダム宣言に対する首相の考えはどうか』と質問させ、それに対して首相が「『ポツダム宣言』は、『カイロ宣言』(昭和十八年十一月)の焼直しであり、政府としては重要視しない、黙殺するだけである」という要領で答えることとなった。この『重要視しない』という前に『あまり』という言葉をつけるか、『黙殺する』という言葉の前に『さしあたり』という言葉をつけるかが最後の論争の要点であったが、ついに私の負けになって、つけないことにきまった」と迫水書記官長は回想している(『機関銃下の首相官邸』)。

「黙殺」という言葉の真意

後に大問題となった「黙殺する」は祖父個人が自発的に発した言葉ではなかった。この「黙殺事件」は通説として知れ渡っていて、それが原因で戦争が長引き、原爆が落とされたなどと短絡的な結論にまで至っている。確かに、今思えば終戦の日のわずか十日や五日前の空襲で、家や家族を失った方もいる。終戦の日の朝に特別攻撃に飛び立って帰らなかった兵士さえいる。その御遺族の方々の無念の思いの前には、首相の家族として、ただ頭を垂れるしかない。しかし「黙殺」が原爆の惨禍を招いたとの説は、違うのではないか。反論としてやや詳しく記述したいと思う。

日本語の「黙殺」に「拒否する」という意味はなかった。塩谷温編の『新字鑑』によれば「黙殺」は「だまったまま相手にしないこと、見て見ぬふりすること」となっている。今でいう「ノー・コメント」に近い。その意味の「黙殺」は普通に使われていた。そしてこの言葉は、政府の答弁として議論された末に使われたのだった。

「黙殺」は、さらに次の問題にも発展する。その英訳だ。同盟通信社は「黙殺」を“ignore”（無視する、知らないふりをする）と訳して海外へ発信した。

ところがアメリカではこれを“reject”（拒絶する、却下する、拒否する）と訳したから問題が大きくなってしまったとされた。

この討議の席には海軍大臣、陸軍大臣、参謀総長、軍令部総長、書記官長がおり、首相は請われて後から参加。東郷外相はいなかったという。そして首相の記者会見の時に答弁の形で発表され、新聞記事の扱いも慎重を期して、あまり目立たないようにさりげなくという指示がつけられた。

そこで当日の新聞記事を見てみよう。昭和二十（一九四五）年七月二十八日付。

○朝日新聞

「米英重慶、日本降伏の
　最後条件を声明
　　三国共同の謀略放送

（ポツダム宣言の内容）
　政府は黙殺（大きな文字）
　多分に宣伝と対日威嚇」

「帝国政府としては米・英・重慶三国の共同声明に関しては何ら重大な価値あるものに非ずとしてこれを黙殺すると共に、断乎戦争完遂に邁進するのみとの決意を更に固めている」

○朝日新聞大阪版

「米英重慶の声明黙殺
　断乎、戦争完遂
　　帝国政府の態度不動」

○毎日新聞

「笑止！米英蔣共同宣言

自惚れを撃砕せん（波型付き）

聖戦を飽くまで完遂

トルーマン、チャーチル、蔣介石による三国共同宣言は笑止にも帝国に対し軍隊の武装解除或は軍需産業の全廃、皇土の割譲等不遜極まるものである」

○読売報知

「笑止　対日降伏条件（要旨）」

朝日新聞を見ると、確かに「黙殺」の文字が大きく打ち出されている。しかし他紙には「黙殺」という言葉は見当たらない。

『宰相　鈴木貫太郎』（小堀桂一郎著）によると、朝日新聞に「政府黙殺」との見出しと記事を書いたのは、柴田敏夫記者だった。内閣にはよく出入りしていたので、記者発表前に迫水書記官長や閣僚が打ち合わせをしているときに「黙殺」の言葉が出て、それを漏れ聞いた柴田記者が、「政府黙殺」と見出し及び記事に書いたというのが真相のようだ。

しかしこれも、後日、記者会見にのぞんだ毎日新聞の名取記者の感想として、「『総理ははっきりしたことは何もいわれなかったんですよ。近ごろの言葉でいうとノー・コメントといったところなのですが、印刷するとああなりますかね』と（朝日新聞の扱いに）けげんな面持ち」と、同書ではなっている。

祖父の他の回想でも、「七月二十八日の内閣記者団との会見において『この宣言は重視する要なきものと思う』との意味を答弁したのである」となっている。その後に続けて、「『この戦争をあくまで完遂する』と付け加えたのは、確かに軍部の意向に押されてのことだった」。「黙殺」と併せて、祖父は後に「まことに遺憾な事だった」と悔やんでいる。

繰り返すが、首相の「黙殺」が原爆投下、ソ連参戦のきっかけを与えたというのが、国内での通説にまでなってしまった。しかし、事実は大きく違う。アメリカ、ソ連にとって、原爆も侵攻もすでに日取りさえ決まっていたことであり、ポツダム宣言の回答は受諾以外、どんな言葉であっても関係がなかった。後で再述するように、ポツダム以前のヤルタ会談ですべてことは決まっていたのだった。

八月の熱い八日間

阿南大将も祖父も合唱した歌

ソ連仲介による終戦工作のニュースは内輪の話だったのに、どこからともなく国内・戦地にもれて、終戦反対や内閣打倒などの策謀がささやかれた。また大本営を長野県松代に移転する案などが出た。その際には天皇陛下も松代に避難されるようにという話もあり、陛下は宮城を離れる意志はないとおっしゃった。

ここでちょっと事件や政治には直接関係のないエピソードを披露しておこう。

鈴木内閣は仲がよいとの噂があったが、その一つの例として、毎月一回全閣僚が寄り集まって、晩酌を共にしていた。足りなくなってきた栄養補給をする目的もあったたし、親睦を図るのはよいことでもあった。そんなある夜、迫水書記官長と鈴木武秘書官が、歌を作ってみんなでおおいに歌おうじゃありませんかということになった。

「もう弾丸も足りなくなった、油も足りなくなった、この際、本土決戦には一億総けっ起の国民歌をこしらえて、全部を激励しようではないかと言うことで、その歌をひそかにこしらえておったので御座います。私共今はすっかり忘れたかも知れませんが、その歌の一番だけをちょっと思い出してみますと、

『仰ぐも無念宮城の、
御垣に残る弾丸のあと
この敵撃ての御心を
安んじまつる時は今』

（注・四番くらいはあったようで、これに曲を付けて）これを日比谷の公会堂において、どんな空襲のさ中でも、みんなで歌おうじゃないかという事で、先ずその歌をタイプライターで打ちまして、阿南大将初め、閣僚の皆様方にお見せしたので御座います。ところが皆様方非常に喜ばれまして、ことに私の目に残っておるのは、阿南大将が米内大将と並ばれまして、大きい声で、大きな口をあいて、もう一ぺんやれ、もう一ぺんやれと、この歌を斉唱されたのであります。アコーデオンを持ってきまして、その歌をまず閣僚に覚えてもらおうと思ってやったので御座います。阿南大将が一番先頭で、一番元気よく歌って、これはいい、これはいいとおっ

しゃったのが、今でも私の眼に残っているのでございます。しかしながら、不幸にして戦争は八月十五日をもって終戦いたしましたので、この歌はとうとう世に出なかったので御座います」（鈴木武・記『終戦時宰相　鈴木貫太郎翁　十三回忌に憶う』収録）

張り詰めた戦時中とはいえ、こんな茶目っ気のある和気藹々の一夜もあったのだなあと思う。月一回といっても、何度開催できたか。そして八月に入り、七日から始まる八日間は、それこそ日本の歴史を揺るがす重要な出来事の連続となった。

原子爆弾が完成

原子爆弾はアメリカだけでなく、ドイツでも急ピッチで研究開発を行っていたが間に合わず、資金難もあって断念、ミサイル製造へと変更した。日本はまだ研究の段階だった。アメリカでは「マンハッタン計画」と呼ばれた原爆製造は、まだ完成途上の昭和二十（一九四五）年四月二十七日に、すでに投下のための目標検討委員会が成立していた（『日本のいちばん長い夏』）。

日本へ投下する都市として、まず十七都市が選ばれ、その中には京都も含まれていたが、スチムソン陸軍長官の強い要請で、「歴史的都市」である京都ははずされ、七月の最終段階で広島、小倉、新潟、長崎と決まったという。

そして七月十六日、ニューメキシコ州アラモゴードで人類初の原爆実験が行われ、二十五日には早くも投下命令が下されている。原爆を積んだ爆撃機の発進基地はマリアナ諸島のテニアン島。

命令の趣旨は「第二〇空軍五〇九爆撃隊は、一九四五年八月三日ごろ以降、有視界爆撃が可能な天候になり次第、なるべく速やかに、最初の特殊爆弾を次の目標の一つに投下せよ。広島、小倉、新潟、長崎のいずれか……。爆発効果を観測・記録するための観測機は、爆発点から数マイルの距離を保つ。追加の爆弾は、準備が整い次第、前記の目標に投下される」といった内容。

この命令はワシントンの参謀本部で起草され、ドイツのポツダムにいたトルーマン大統領の承認を得て、同伴のマーシャル参謀総長からワシントンへ。スチムソン陸軍長官、アーノルド陸軍航空総司令官らの承認を経て、最前線のグアム島の戦略空軍司令部へ打電された。

トルーマンは原爆の完成を喜び、鼻高々でチャーチルに話した。スターリンには秘密にされた。チャーチルも「戦争終結に役立つならば、原子爆弾の使用に賛成する」と答えたとされる。

しかしチャーチルの『第二次大戦回顧録』によると、「スチムソン陸軍長官から原爆成功を知らされたが、（トルーマンと）原子爆弾を使用すべきかどうか、その時に話しあったことはない」と否定している。チャーチルは原爆使用の責任に荷担したくないということだったと思う。

トルーマンとしては、責任の重さを軽減したい、という話だろうか。いずれにしてもトルーマンが人類史上初めての悲劇となる「核のボタンを押した」唯一の人間となった事実に変わりはない。トルーマンは同胞の捕虜収容所も含む非戦闘員を都市ごと壊滅するための非人道的な原爆の使用を命令したのだ。

これらの会話や命令は、ポツダム宣言発出以前の出来事であり、もちろん「黙殺」より前のこととなる。即ち鈴木首相の答弁として朝日新聞に掲載された一言は、一人歩きして、原爆投下のきっかけを与えたとの説は、事実に即していない。

八月六日午前二時四十五分、原子爆弾を積んだエノラ・ゲイ号は、三機編成でテニアン島から発進した。

新たなる決意を迫られた天皇と祖父

広島に雲はなく快晴だった。同市は直前に飛来したB29が立ち去った後で、一旦出た空襲警報も解除されたところだった。市民は皆防空壕に入らず無防備で、新たに飛来した二機の敵機を眺めていた。

八時十五分、突然目が眩む閃光とともに大きなきのこ雲が空高く立上がり、轟音がして一瞬にして広島市は壊滅。死の街と化した。七万五千人が即死、五万一千人が火傷による重軽傷を負い、罹災者は十七万六千余人という。だが、原爆症に悩まされている人は、七十九年後の今なお少なくとも一万三千人以上もいる。二〇二一年七月、「黒い雨」の被災者が政府に被爆者健康手帳の交付申請を訴える裁判で勝訴し、菅義偉首相が上告断念を表明した。いかなる理由があろうとも、原爆は人道にもとるもので許すことはできない。

なぜ広島が第一弾のターゲットとなったのか。当時本土防衛の中央拠点は当然東京だが、西日本の防衛も行政も総括する中国地方総監府がおかれていたのが広島だった。

落とす側も落とされる側も、原子爆弾の想像を絶する威力に絶句しながら、それぞれの対策に没頭する。

アメリカも成果を確かめるために、すぐに調査飛行を行った。

日本では投下後十五分で第一報が呉鎮守府から海軍省へ入り、正午には調査団派遣が決定した。陸軍にはずっと後になって情報が入った。午後遅く出先から帰ってきた鈴木首相は、迫水書記官長から新型爆弾のニュースを聞いた。祖父は「終戦の表情」に次のように述べている。


「(学者でも) 今次戦争には間に合わないだろうと断言していたものであるが、その原子爆弾が完成され、眼のあたり、我が本土の一都市を壊滅させたことを知って、ここにおいて余はアメリカの戦争努力にたいし真に驚嘆かつ敬服したのである。

余はこの上は終戦する以外に道はないとはっきりと決意するに至った」


アメリカ側は日本時間の深夜三時、トルーマン大統領が広島に爆弾を落としたことを短波放送で世界に宣言。これを日本でも傍受した。

翌日の午後開かれた閣議では、東郷外相が報告と共に「かかる残酷な兵器を用いることは、毒ガスの使用を禁じている国際公法の精神に反する不当行為である。スイス公使館、万国赤十字社を通し、すみやかに原爆使用を停止すべき旨を厳重に抗議することとしたい」と提案し、首相の「それはいいことだ、強く強く抗議して下さい」の一言で閣議決定された。

このような爆弾が完成した以上、もはや戦うのは無意味であるからポツダム宣言を受諾する方式で戦争を終結せしむべき、という意見が出た。

しかし陸軍が猛反対。敵側の謀略かも知れない。まず原爆かどうか現地調査してから方針を決めるべきであるとの意見が出て、参謀本部の調査団と一緒に、物理学の権威、仁科芳雄博士を現地に派遣して、原子爆弾であるかどうかを確認することとなった。

八月八日夕刻に「まさに原子爆弾に相違ありません」と仁科博士からの報告があり、「私ども科学者が至らなかったことは、まことに国家に対して申しわけのないことです」と、沈痛な面持ちでおっしゃった（『機関銃下の首相官邸』）。

天皇陛下も東郷外相から報告を受け、「いよいよ戦争も継続は不可能になった。なるべく早く戦争の終結を見るようにとり運ぶことを希望する」旨のお答えがあり、首相にもこの言葉は伝わった。

「いよいよ来るものが来ました」

貫太郎は身の引き締まる思いを感じ、同時に安堵に似た感を覚えた。というのは、今まで全てを腹の内に収めなければならなかった終戦の一言を、天皇陛下がそのご意志として言葉に出しておっしゃって下さった。からだ。

これで動ける。あとはどう動くか――。

迫水書記官長からの報告を聞いて「いよいよ時期がきましたね」と言い、「九日に最高戦争指導会議と閣議を開いて、正式に終戦のことを討議するよう準備してほしい」と伝えた。

祖父は総理大臣になった時から温めていたことがあった。それをいかに実現するかがカギだった。

「治大国若烹小鮮」の言葉が書かれている『老子』を前に、しばし瞑想する。

さらなる衝撃を与えるニュースが飛び込んできた。八月九日午前四時、短波放送によればソ連が対日宣戦布告をしたというのだ。

ポツダム宣言をすぐに受諾しなかったのも、仲介の望みを託したソ連からの回答を待ち望んでいたからだった。それがいきなり満州に攻め込んでくる。みな怒り心頭に発した。後から知れることとなったのだが、二月のヤルタ会談での三国会議で、ソ連はドイツ降伏の三か月後に日本に侵攻すると密約をかわしたが、まさに三か月後に戦火が切られた。全くソ連にしろロシアにしろ、仁義などかけらもない国だとつくづく思う。

祖父は「終戦の表情」で、こう記している。

「満ソ国境を堰を切ったように進攻して来る戦車群が想像され、満州の守備兵が、本土作戦の都合上その重要な部分を内地に移動していることをも考えた。

このままソ連の進攻を迎えたならば、二カ月とは持ち耐え得ないであろうことも考えられた。ついに終戦の最後的瞬間が来たなと、余は我と我が胸に語りきかせ、傍らの迫水君にたいして静かに、『いよいよ来るものが来ましたね』と語ったのである。

そして陛下の思召を実行に移すのは今だと思った。

通常ならば、内閣の当面の政策たるソ連を介しての平和交渉が見事に裏切られ、ソ連の参戦ということになったのであるから、輔翼の責任上、総辞職を決行するのが順序である。
だが余は事態の緊迫化に鑑みて、自己一身の全責任をもって、この戦争の終局を担当しようと決意したのである。
さし当たって本土決戦に導くか降伏に進むか、この二つの道があったが、大勢はもちろん降伏以外には考えられない。宣言を受諾すべきであるということは余が、該宣言を一読した折から内心検討に検討を重ねまったく決定していた事柄である」

真っ二つに割れた議論

首相はまずポツダム宣言を受諾して戦争に終止符を打つ旨を天皇陛下に奏上し、思召しを確かめた。その際、陛下に「ご聖断」を賜りたい旨のお願いもしてあったことは、あとから書記官長も知ったことだった。

官邸へ帰ると早速、最高戦争指導会議を招集。九日午前十時半、会議は宮中で行われ、首相、外相、陸相、海相、陸軍参謀総長、海軍軍令部総長の六人により意見交換が行われた。冒頭、いつもは自分の意見をほとんど述べない首相が珍しく、

「この情勢に及んでは、ポツダム宣言を受諾せざるをえないので、ご意見をたまわりたい」と述べたので、虚を衝《つ》かれたように一瞬静寂が流れた。

その沈黙を破ったのは米内海相で、「皆黙っていてはわからないではないか。どしどし意見を述べたらどうだ」といわれ、議論が始まった。

その間の十一時半、長崎に第二の原爆が投下されたニュースが入った。後に分かったことだが、アメリカ軍は最初小倉に原爆を落とすはずだった。しかし曇っていて視界が悪く、爆撃目標を長崎に変えたのだった。

議論は真っ二つに割れた。

受諾するに際しては、条件を提示すべきだとして、東郷外相と米内海相から、「国体が護持される事」を唯一の条件とするという意見が述べられた。この一項については全員が賛成だったが、その他にも三条件をつけるべしというのが、陸相はじめ陸海総長の三人だった。

すなわち第二項は「先方をして本土の保障占領はしない」。

第三、「在外日本軍隊は、降伏、武装解除の処置をとることなく、自主的に撤退したる上復員すること」。

第四、「戦争犯罪人の処罰は国内において処理すること」。

この四条件の承諾を要するといって譲らず、結論の出ないまま午後一時半にいったん休憩となり、二時半より閣議に移ることとなった。しかし閣議も、結論を得ることができず、午後十時に休憩となる。

こうなっては御前会議で、「ご聖断」いただく他に道はないと、祖父は宮中へお願いに伺い、陛下とも段取りをお話しし、陛下は快諾された。

またこの会議で新たな条約の締結をすることとなるわけだが、その場合は憲法上枢密院に諮り、諮問を経なければ発効しない。しかし時間がない。どうしたらよいかと、村瀬法制局長官に相談した。

村瀬長官は「十五分ほど待って下さい。考えてみます」と返事をされた。そして平沼騏一郎枢密院議長を会議に出席させることを提案された。

かくなる準備のもと、午前〇時十分前、皇居のお文庫地下防空壕で御前会議は始まった。正式メンバーは最高戦争指導会議の六人に枢密院議長を加えた七人。それに陸海両軍務局長と書記官長らが陪席した。議長は首相。やがて陛下は蓮沼侍従武官長を従えて臨席された。

まず首相の要請で書記官長が「ポツダム宣言」全文を読み上げ、指名により東郷外相が、一条件のみで戦争を終結すべしと述べる。次いで阿南陸相が意見陳述。外相の意見には反対である、死中に活の勇気をもって進むべきと、涙ながらに訴えた。

国体護持のみを条件とする案の賛成者は東郷外相、米内海相、平沼枢密院議長の三人。これにプラス三条件は譲れないとする阿南陸相、梅津参謀総長、豊田軍令部総長の三人。

依然として議論はまとまらない。

通常ならここで議長の首相が一票投じれば結論が出るわけだが、この異常な情勢のなかで議長が一票投じれば、即クーデターになるだけだ。もう午前二時をまわった。三対三で結論にいたらないとして、首相はここで立上がり、恐れ多いことながら、天皇陛下の思召しを伺い、それに基づいて会議の決定としたい旨を述べると、陛下の御前に歩み寄り、大きな体をまるめて最敬礼した（『機関銃下の首相官邸』）。

以下は同著者・迫水さんの思い出による。

「陛下は、総理からお願いの言上を聞かれると、おうなずきになって、総理に席にもどるようにおおせられたが、総理は耳が遠いので、ちょっと判らなかったらしく、手を耳にあてて、聞きなおす形をすると、陛下は、左の手をさしのばされて、重ねて席に復するようお示しになった。総理は席に復した。私はこの一連の総理の動きを今も眼前に鮮かに思いだすことができる。それは美しいと形容するのが一番ふさわしい光景であった。終戦後、私は先代坂東三津五郎の喜撰という踊を見たとき、ゆくりなくも、この御前会議における総理の動きを思いだしたのであった」

なぜ「聖断」のかたちにしたのか

陛下は「それなら私が意見を言おう」とおっしゃって、「私の意見は、先ほどから外務大臣の申していることろに同意である」とおおせられた。みな一同すすり泣いていた。陛下も白い手袋で眼鏡を拭い、ほほの涙をそっと拭いておられた。

その後、「念のため理由をいっておこう」とおっしゃった。

「戦争が始まって以来、陸海軍のしてきたことは、予定と結果がたいへん違う場合が多いこと。装備も整わぬまま本土決戦に突入したら、日本民族はみな死んでしまう。日本という国を子孫につたえるためにも生き残って、将来ふたたび立ち上がってもらう道しかない。外国の人々も多くの損害を受けることになる。忠勇なる軍隊の降伏や武装解除は忍びがたいことであり、戦争責任者の処罰も絶えがたいことである。いま日清戦争のあとの三国干渉のときに明治天皇のお心持ちを考えている。みなの者は、私のことを心配してくれると思うが、私はどうなってもかまわない。こういうふうに考えて、戦争を即座終結することを決心したのである」という趣旨を述べられた。

続いて戦地のみならず空襲で亡くなったり傷ついたりした人々や外地にいる人々へも思いをはせ、世界の平和を祈念する思いを述べられた。


これが世に言う「聖断」だった。それは祖父が首相をお引き受けした時から温めていた戦争の終わり方だった。天皇は政治に関する直接的な発言を控えていた。それをあえて違反した責任は、すべて首相にあるとの自覚をもって、いかなる罰も受け、死も辞さない覚悟で、祖父は「ご聖断」をお願いしたのだった。

「ご聖断」で陸軍を抑え込もうという作戦だけでなかった。首相の思いの底には、憲法を順守して心ならずも戦争を始めた形の陛下に、終戦をご自身の意志で決定して頂きたいという願いがあった。

お言葉を聞き終えて、祖父は立って陛下に「思召しのほどは承りました」と申し上げ、ご退出をお願いした。一同最敬礼のうちに席を立たれ、陛下はちょっとうなずくようにして、重い足取りで出て行かれた。

その後再び会議となり、字句の問題でまた議論となる。

「天皇の国法上の地位」という表現について、平沼議長から待ったがかかり、憲法の前文の言葉をとって「天皇の国家統治の大権」となった。これには相手国の理解が難しくなり、問題を複雑にするという反対もあったが、結局平沼案が採用された。実際、この受諾文を受け取ったスウェーデンやアメリカでは、「天皇の国家統治の大権」とは何を意味するか、問題になったのだ。

首相官邸で待機していた閣僚に、東郷外相から「ご聖断」の趣旨に基づき決定された文言の説明があり、それを閣議決定して閣議書類に全員の花押が行われた。午前六時だった。

十日午前七時、外務省は「天皇の国家統治の大権を変更しない、という了解のもとに受諾する」というポツダム宣言受諾の緊急電をスイス政府とスウェーデン政府に打電。両政府を通じて連合国に伝えられた。

日本政府の回答は同盟通信を通じて、米トルーマン大統領のもとに着いた。そのニュースはいち早くニューヨークにも伝わり、ブロードウェイや五番街では窓からたくさんの紙テープが投げられた。紙吹雪の中、市民が歓喜の声をあげて踊り出した。

ロンドンはだいぶ遅れて昼過ぎに伝わったが、ピカデリー・サーカス一帯ではニューヨーク同様の大騒ぎとなり、「日本が降伏した！」と歓喜の声が渦巻いた。

トルーマン大統領は早速、スチムソン陸軍長官、バーンズ国務長官、フォレスタル海軍長官、リーヒ大統領付幕僚長たちを集め、臨時閣議を開いた。これ以上の流血を見ないように、日本の回答を受け入れようということになりそうだったが、強硬派のバーンズのみ異見を挟んだ。

「これは無条件ではない。日本に譲歩する必要があるか」

バーンズ提案により、天皇制ははっきり保証せず、改めてポツダム宣言に変更なしとする案を提出。午後改めてこの案を承認した。

この「バーンズ回答案」は連合国の承認を得るためにロンドン、モスクワ、重慶に送られた。重慶からはすぐに承認の返事がきた。イギリスは「天皇が直接署名する」箇所を、天皇は政府と大本営に対し、「必要なる条項署名の権限を与え、かつこれを保障する」と改めることで承認した。

ソビエト政府は強硬な態度で、返事を延ばすと言ってきた。催促の結果、日本占領は、米国から一名、ソ連から一名の最高司令官によることを条件に承認するという。ドイツ同様に、戦後の日本分割の意図を明らかにしたのだ。だが、駐ソ米国大使ハリマンによって「受入れる余地なし」とつっぱねられ、ソ連は断念した（『聖断』半藤一利著）。ソ連、ロシアは常に領土拡張を狙っているなあと、つくづく思う。

最初に「ポツダム宣言」が発せられた時は、ソ連参戦前であり、アメリカは日本に対してソ連の介入を避けたかったことが、この一件でも分かる。連合国側も複雑な事情でまとめるのに時間がかかったのだ。

日本ではアメリカから回答がいつくるか、関係者たちはジリジリする思いで待っていた。八月十二日〇時半すぎにサンフランシスコ放送が始まり、三時、同盟通信から「バーンズ回答」全文が届けられた。

またまた多忙な一日が始まった。

天皇の地位はどうなる?

バーンズ回答の要旨は、

天皇及び日本国政府は連合軍最高司令官の制限下に置かれる。

軍隊は戦闘をやめて武器を引き渡して降伏せよ。

日本国政府の形態は、日本国民の自由意思によって決められる。

連合国軍隊は「ポツダム宣言」に掲げられた諸目的が完了するまで日本国内に駐留する。

というものだった。

この中で最も重要なのは、「天皇及ビ日本国政府ノ国家統治ノ権限ハ、降伏条項実施ノ為、ソノ必要ト認ムル措置ヲ執ル聯合国最高司令官ノ制限ノ下ニ置カルル(subject to)モノトス」という部分だった。

天皇の地位に関する"subject to"の言葉をどう訳すか。陸軍は「隷属」と訳し、外務省は「制限下に置かれる」と訳した。

ここでまた議論となった。おおむねこれでよしとして受諾、終戦に向かうとする東郷外相に、首相も米内海相も賛成だったが、軍から待ったがかかった。「隷属」する中で国体を維持できるのか。この朝早く陸軍の梅津参謀総長らが参内し、回答文には反対であることを上奏していた。

天皇は戦争終結は深慮の末の結論であるから、協力するようにとお命じになった。

外相が首相の受諾の意志を確認して宮中へ向かったのは、その後だった。天皇は、もう戦争を継続することは出来ない、自分はこれで満足であるから先方の回答通り受諾するよう取り計らい、首相にもその趣旨を伝えよとおっしゃった。

ここでまた平沼議長から、回答文は天皇の地位にかかわるものとして反対意見が出た。それを受けて首相が参内している。陛下からは様々な議論があろうと、円満に収めてほしい旨のお言葉があり、首相はその言葉をもって閣議に望んだ。つまり、首相は反対意見を収めるために、外相の意見を聞き、天皇陛下にお言葉を頂き、それをもって説得しようとしたのだ。意図ははっきりしている。それだけこの国を左右する重大案件に対して速やかに対処し、かつ万全を期していたことがわかる。しかし首相の意志がぐらついていると指摘する人たちもいた。意気込んでいた東郷外相が木戸内相のもとを訪れて憤慨を述べた。


『木戸幸一日記』の八月十二日、六時半。

「東郷外相来室、面談。首相、平沼男の意見に賛成したる様子にて、今後の見透につき聊か不安を感じ居る様子、頗る心配なり」とある。

それで再び思い出すのは、元侍従長の入江相政さんのお言葉。「鈴木貫太郎閣下はよく人の話を聞く方でした、けれど自説は決して曲げない」

迫水さんも述べられている。

「(外相が木戸内大臣に報告して協力を求めた事実がある)しかし、鈴木総理は、東郷外相に会見の際、少しもリキムことなく、平常どおりの淡々たる心境で、一応外相の意見を聞かれたまでで、総理が動揺したということはまったくない」

ところが『木戸幸一日記』の八月十二日、九時半には、

「鈴木首相来室、今日種々協議の経過につき話あり。余は今日となりては仮令《たとへ》国内に動乱等の起る心配ありとも断行の要を力説、首相も全然同感なる旨答へられ、大に意を強ふしたり」

となっている。

木戸内大臣が、祖父を説得して同意させたと書いている箇所はここだけではない。そもそも「ご聖断」についても同様。自分の提案に鈴木首相が同意したように『木戸幸一日記』には書かれているが、祖父はそこの箇所に鉛筆で注釈を書いている。ご聖断をお願いするために参内した時、たまたま木戸公の部屋に寄ったまでのことで、木戸公の提案によって「ご聖断」を成したのではない、と。

さて、もとの「ポツダム宣言」の回答の箇所に戻る。天皇陛下はお文庫防空壕で皇族会議を開かれた。十三人の皇族方が集まり、中には国体の存続についての疑念を述べた方もおられたが、陛下のご意志に従い、一致協力してお支えするということで終了。後は久しぶりに和やかなお茶会となった。

一方、いかにこの時世が危なかったかという事件や計画がいろいろ起こっている。

「大本営午後四時発表、皇軍は、新たに勅命を拝し、米英ソ支四か国軍にたいし、作戦を開始せり」という発表内容が新聞社、放送局に事前に配られた。

阿南陸相も参謀総長も全く知らないことだった。この情報を内閣に知らせてくれたのは、朝日新聞の柴田敏夫記者だった。よくぞ知らせてくれた。梅津参謀総長に頼んで、この命令をやっと取り消してもらったが、ラジオ放送される四時数分前。すんでのところで一大事を止めたのだった。も

しこれがラジオと新聞で報じられたら、はたして終戦はスムーズにいったかどうか、あぶないところだった。

柴田記者は後に本社政治部長になったが、問題の「黙殺」を書いた記者だ。罪滅ぼしといっては悪いが、私はこの貴重な情報を知らせて下さったことに感謝する。なおこのニセ発表は大本営報道部で作成され、陸軍次官、参謀次長の決裁があったという。

また元首相東条英機大将を擁してのクーデター計画もあった。陸軍省の軍人から「右翼を使って、鈴木、米内、東郷、木戸を葬る」といった言動があった（『聖断』）。

終戦を行うのは生易しいことではなかった。

ここで私の兄・哲太郎の回想を加えておきたい。

この頃のある日、祖父はいつも持ち歩いていた『老子』の一節を指さして、こう言ったそうだ。

「敢に勇なれば死し、不敢に勇なれば活く」（第七十三章）

翻案すれば「戦争継続に勇ましくあれば、いたずらに人を殺して日本民族を破滅に導き、戦争終結を勇敢におこなって、初めて活路が開ける」という意味になるのではないだろうか。祖父はこれまでの「小魚を料理する」心得、つまりひたすら辛抱する姿勢から、大きく踏み出す覚悟が出来たのだ。兄に教わったエピソードから、私はそう感じた。

野菜畑になった首相官邸の庭園

ここで祖父の生活ぶりを記しておこう。

朝食はオートミールに半熟たまごをスプーンで頂く。それにハムや野菜がそえられる。和食の時は、天皇陛下の一汁二菜にならって、お味噌汁に卵と鮭、香の物といったところで、出来得る限りよく食べ、寝られる時は熟睡する。

だが早朝から情報が入り、公務は深夜まで続くこともしばしば。生来の頑健と海軍で鍛えた体力・気力・胆力・決断力がなければ戦時の首相は務まらない。首相官邸で過ごす時間が圧倒的に長いが、私邸ではしばしくつろぐ。また毎土曜日、日曜日には、私の父一や武秘書官を同伴して工場へ、勤労者激励にでかけていった。

名古屋へも足を延ばし、大宮、吉見、浅川、湘南方面などへ。地下工場へも出向いた。武さんは夏の酷暑のなかを、老首相はよくも訪ね続けたものだと感嘆している。また首相官邸の庭は野菜畑となっていた。食料増産のために世話をする奉仕団をねぎらったりもしている。


さて「バーンズ回答」への日本側の回答がなかなか来ないので、連合国側も結構いらいらしていた。東京湾へ向かう米第三艦隊には一旦待機命令が出ていたが、待機取り消し。空爆続行せよに変わった。飛来してくる飛行機からはビラが撒かれた。それには「ポツダム宣言」に対する日本側の申し入れと、連合国側の回答が日本語で、

「日本国民は、軍人たちの抵抗を排除して政府に協力し、終戦になるように努力するほうが将来のためになるだろう」などと書かれていた。

宣伝ビラとわかっていても、これを拾った国民は政府の動きを察知し、希望を見いだした思いだ

ったに違いない。だが、軍はますますいきり立った。空襲は再び激しくなる。

明けて八月十四日。この日は「日本のいちばん長い日」などといわれるが、実に様々な重大事件が目白押しに、いや重複しながら起こった日だった。

ネクタイを結び合う閣僚たち

朝八時。祖父は再び御前会議を開くためのお願いに宮中へ。手続き通りにやると決定までに時間がかかるので、陛下から招集していただくように整えた。このやり方は、迫水さんの提案による。そのために彼は陸軍から名指しで脅迫され、いやな気分を味わった。

その一方で、閣僚たちは突然の御前会議に慌てた。

平服でもよいと言われたものの、開襟シャツでは行けぬと狼狽する者もいたり、せめてネクタイをと、借りたネクタイを閣僚同士が結んであげたり、心和むような光景もあった。

十時半、吹上御所参集。十時五十分、お文庫地下防空壕で、最後の御前会議が開かれた。これには最高戦争指導会議の六人に全閣僚、平沼枢密院議長など全てが揃った。

陛下が着席されると、首相が立って、前回のご聖断から今までの経過を原稿はもちろん、メモ一つ無く澱みなく語る。これに心を動かされた人もいた。そして「ここに重ねて、聖断をわずらわし奉るのは、罪軽からざるをお詫び申し上げます。この席において反対の意見あるものより親しくお聞き取りのうえ、重ねて何分のご聖断を仰ぎたく存じます」と結んだ。

陸軍の梅津参謀総長、阿南陸相、それに海軍の豊田軍令部総長が意見を述べる。しばしの静寂の後、天皇陛下が静かにお立ちになった。

「……国体問題についていろいろ危惧もあるということであるが、先方の回答文は悪意をもって書かれたものとは思えない。要は、国民全体の信念と覚悟の問題であると思う。このさい先方の回答を、そのまま、受諾してよいと考える」

「国民が玉砕して君国に殉ぜんとする心持ちもよくわかるが、しかし、わたくし自身はいかになろうとも、わたくしは国民の生命を助けたいと思う」(『聖断』、以下同)

そして「国民にこれ以上苦痛をなめさせることはわたしとして忍びない。(中略)日本がまったくなくなるという結果に較べて、少しでも種子が残りさえすれば、さらにまた復興という光明も考えられる。わたしは、明治天皇が三国干渉のときの苦しいお心持を偲び、堪えがたきを堪え、忍びがたきを忍び、将来の復興に期待したいと思う。(中略)国民が心を合わせ、協力一致して努力すれば、必ずできると思う。わたしも国民とともに努力する。

今日まで戦場にあって、戦死し、あるいは、内地にいて、非命にたおれたものやその遺族のことを思えば、悲嘆に堪えないし、戦傷を負い、戦災を蒙り、家業を失ったものの今後の生活については、わたしは心配に堪えない。この際、わたしのできることはなんでもする。(中略)わたしが国民によびかけることがよければいつでもマイクの前にも立つ。陸海軍将兵は特に動揺も大きいだろう。(中略)必要があればわたしはどこへでも出かけて親しく説きさとしてもよい。内閣では、至急に終戦に関する詔書を用意してほしい」。

白川一郎画伯が描いた「最後の御前会議」。8月14日の様子を再現している＝（提供・野田市鈴木貫太郎記念館）

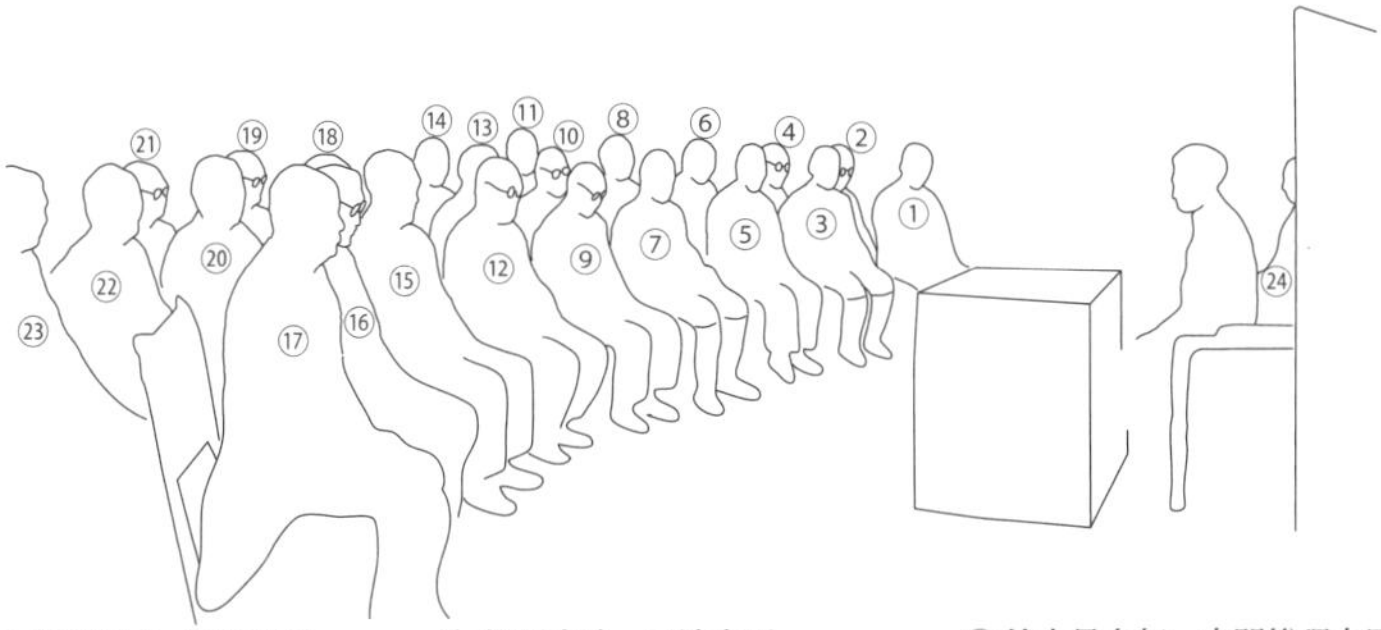

① 豊田副武－軍令部長
② 小日山直登－運輸大臣
③ 梅津美治郎－参謀総長
④ 安倍源基－内務大臣
⑤ 豊田貞次郎－軍需大臣
⑥ 広瀬豊作－大蔵大臣
⑦ 阿南惟幾－陸軍大臣
⑧ 石黒忠篤－農商大臣
⑨ 松阪広政－司法大臣
⑩ 太田耕造－文部大臣
⑪ 迫水久常－内閣書記官長
⑫ 東郷茂徳－外務大臣
⑬ 岡田忠彦－厚生大臣
⑭ 池田純久－綜合計画局長官
⑮ 米内光政－海軍大臣
⑯ 平沼騏一郎－枢密院議長
⑰ 鈴木貫太郎－内閣総理大臣
⑱ 下村　宏－国務大臣
⑲ 保科善四郎－海軍軍務局長
⑳ 安井藤治－国務大臣
㉑ 吉積正雄－陸軍軍務局長
㉒ 左近司政三－国務大臣
㉓ 桜井兵五郎－国務大臣
㉔ 蓮沼　蕃－侍従武官長

陛下のお声も途中とぎれながら話され、一同は頭《こうべ》をたれ、涙をぬぐい、やがて全員、慟哭《どうこく》に変わっていった。

「万世の為に太平を開く」

御前会議が終わったのは正午だった。

午後一時より閣議。「ポツダム宣言」を受諾。全閣僚が戦争を終結する旨の閣議決定に、全員異議なく、まず花押した。その後は詔書案の字句についての意見応酬が繰り広げられる。

この詔書案については、迫水書記官長が書いた、いや彼ではない、では実際は誰か、といった話がある。

迫水さんが何枚も原稿を破り捨てながら懸命に書き、友人の小川一平（内閣行政委員）、木原通雄（内閣嘱託）、実弟の迫水久良（内閣嘱託）、田尻愛義（大東亜次官）各氏が手伝ってくれたと迫水さんは記している。そして漢学者川田瑞穂、陽明学者安岡正篤《まさひろ》両先生が手直しをした、となっている。

が、迫水さんではないという説を取る人が少なくない。学問的裏付けがあるわけではないが、私は少なくとも迫水さんがなんらかの文章、あるいはメモは書いていらっしゃると思っている。なぜなら、御前会議での天皇陛下のお言葉が使われている以上、出席者以外は知る由もないから。

それはそれとして、字句の変更について議論がある中で、重要と思われる箇所を二つ。

後ほど詔書の全文を掲載するが、まず「戦局必ずしも好転せず」となっているところの原文は、

「万世の為に太平を開く」の書が目を引く鈴木貫太郎記念館の正面玄関（現在、休館中）＝（提供・朝日新聞社）

「戦勢日に非なり」だった。それに阿南陸相が待ったをかけた。これでは大本営発表が、虚構だったということになるという。米内海相と戦争の勝敗について激論が展開されて、ついに押し切った形となった。

また、「時運のおもむくところ」の原文は「義命の存するところ」だった。なぜこれを修正したのだろうと思う。道義、良心の命令であるからという表現は、戦いをおさめるにあたって、重要な意味がある。しかし「義命」という言葉は聞いたことがないという理由だけで変更された。極論すると「時の流れのままに」となってしまったのは惜しかったと思う。

『終戦詔書と日本政治』（老川祥一著）には手書きの草案から最終決定までの経緯や、解釈、手順、政治の動きなど、興味深い論考が述べられている。また、『機関銃下の首相官邸』でも安岡正篤先生が特に気を入れて言葉を選ばれたことが書かれている。

「時運のおもむくところ」と直されてしまったので、それ以降の政治が理想も筋道もなく行き当たりばったりになってしまった、終戦そのものの意味がなくなってしまったと安岡先生は嘆かれている。

また「万世の為に太平を開く」という素晴らしい言葉を、北宋の張横渠の言葉から取られている。時間の余裕がない中で、よく意義深い言葉を加筆されたと思う。

ちなみに野田市関宿にある「鈴木貫太郎記念館」（休館中）の正面には「為万世開太平」と書かれた大きな碑が立っている。

〈編集部注・同記念館は台風被害などのため、臨時休館中となっているが、希望者には映像資料等を小規模に公開している。また、副館長による解説も行っている。なお現在、再開に向けた取り組みを進めている〉

運命の日

自決前夜、祖父への「挨拶」

それにしても阿南陸相は、どんなお気持ちで最後の閣議に出ていらしたのだろう。自分の役目は終わったとほっとしながらも、責任を痛感されてさらなるお覚悟を決められたに違いない。

終戦詔書の審議の最中でも、阿南陸相と米内海相はしばしば中座された。この中座について、父の一《はじめ》秘書官が語っている。

「陸軍大臣の阿南さんと、海軍大臣の米内さんが、何度も席を外して出て行かれたのが印象に残っています。特に阿南さんは、終戦を肯じない陸軍の強硬派との板挟みになって、たいへんな苦労をしておられたので、しょっちゅう席をたたれるのは、そういう陸軍内部の刻々の動きに対処するためだった、と想像して同情もし、われわれも、その都度緊張感を新たにしていたものです」

また迫水さんも、閣議が始まって間もなく、阿南陸相から呼ばれて隣室へ同行すると、阿南さんが陸軍省の軍務局長へ電話で閣議の内容を偽って報告なさっていたという。

閣僚たちも君たちの意見を了解する方向へ進んでいるので、自分がそちらへ帰るまでじっとして待っていてほしい。内閣書記官長もここにいるから、電話を代わってもいい、と。そして迫水さんに目配せをなさったという。そこまでして、阿南さんは強硬派を抑えるのに必死だったのだと、同情申し上げる。

そうした状況下で終戦が決まった。

それを発効させるためには、枢密院を通過させせなければならない。既に平沼議長は御前会議に出席しているが、法律的に大丈夫なのか。再び村瀬法制局長官に声がかかった。隣室でしばし考えられた末に、枢密院の審議にかける必要のないことを、理路整然としっかり話された。そして最後に、「法律の解釈からみて、事前に枢密院の議にかける必要はありません。枢密院としてはあした本会議を招集して、議決の手続きを得ればよいと思います」。毅然とした説明に、誰もが納得した。

午後八時半、清書された詔書案は、鈴木首相によって天皇陛下に奉呈された。陛下は満足のご様子で御名《ぎょめい》を記し、御璽《ぎょじ》を押された。そして鈴木貫太郎内閣の大臣全員が署名と花押を記し、正式に終戦詔書が完成する。後は印刷されて官報号外として発布。外務省から米、英、ソ、中へポツダム宣言受諾として伝達された。

午後十一時、すべての手続きを終えた。首相の部屋には貫太郎と一、武さん、迫水さん。首相の両眼は真っ赤だったというが、皆それぞれに涙を拭きながら、しばし沈黙する。そこへ扉をノックする音とともに、阿南陸相が白手袋、軍帽を脇に抱えて入ってこられた。

真っ直ぐ首相の机の前に立たれ、丁寧に一礼された。

「終戦の議が起りまして以来、私はいろいろと申し上げましたが、総理にはたいへんご迷惑をおかけしたと思います。ここに謹んでお詫び申し上げます。総理をお助けするつもりが、対立をきたして、閣僚としてははなはだ至りませんでした。私の真意は、ただ一つ国体を護持せんとするにあったのでありまして、敢えて他意あるものではございません。この点はなにとぞご了解くださいますように」と言われた。頰に涙が伝った。

すると首相は、

「そのことはよく判っております。しかし、阿南さん、皇室は必ずご安泰ですよ。なんとなれば、今上陛下は、春と秋のご先祖のお祭りを必ずご自身で熱心におつとめになっておられますから」と応えた。

阿南陸相は「私もそう信じております」とうなずかれた。

「日本の前途にも私は悲観ばかりしていませんよ」と首相が重ねて言う。

阿南陸相は「全く同感であります。日本は君臣一体となってかならず復興するとかたく信じております」と力を込め、「これはハバナ産ではございませんが、南方の最前線から届いたもので、私はたしなみませんので、差し上げたいと持参いたしました」。

新聞紙に包んだ葉巻一箱をそっと机に置かれた。

首相は立って、二人は固い握手を交わした。阿南さんは深々と一礼されて、静かに退出された。

迫水さんと武さんは玄関まで送って行かれた。帰ってくると首相は、「阿南君は暇乞いにきたんだね」と、感慨深くつぶやいた（『聖断』）。

このシーンは、昭和四十二（一九六七）年の東宝映画「日本のいちばん長い日」（岡本喜八監督）でも、笠智衆さん（鈴木首相役）、三船敏郎さん（阿南陸相役）の名演技もあって、台詞まで覚えているほど胸に迫るものがある。

阿南さんは先に東郷外相にも挨拶された。そして十五日未明、「一死以テ大罪ヲ謝シ奉ル」「神州不滅ヲ確信シツツ」と、したため、辞世の歌として、

「大君の深き恵に浴みし身は　言ひ遺すべき片言もなし」

と書き残して、斎戒沐浴後、武士の作法にのっとって自決された。

終戦詔書を天皇に渡す

皇居では、陛下がはじめてマイクの前に立たれ、終戦詔書朗読、いわゆる「玉音放送」の録音が行われた。今とは違い、録音盤に直接吹き込んで行く。

ドイツのヒトラーは度々の演説で民衆の熱狂的支持を得たが、反対に日本の天皇陛下は戦争中「菊のカーテン」の向こうで沈黙を続けられた。そのことで神と崇められ、民衆はラジオを通して初めて声を聞くことになる。

録音に当たっては下村情報局総裁を筆頭に、日本放送協会（ＮＨＫ）は大橋会長指揮のもと最高の技術者をよりすぐり、録音班は皇居へ午後三時に出向き、政務室で準備万端整えて待機した。

だがなかなか始まらない。前に記したが終戦詔書の語句についての議論が長引いた。清書された

詔書を首相が天皇陛下にお渡しできたのは午後八時半。詔書が公布されたのは昭和二十年八月十四日午後十一時。同時に連合国にポツダム宣言受諾を通告した。

この時、太平洋戦争は終結となった。だが私たちすべての国民にとっては、翌十五日正午の天皇陛下によるラジオ放送が終戦であった。また連合国では九月二日、米戦艦ミズーリ艦上で行われた関連国サインをもって戦争終結とされている。

さて、午後三時から準備していた録音班は、まだかまだかと長時間の待機となった。結局天皇陛下がお文庫から政務室に入られたのは十一時半を回っていた。陛下がマイクの前に立たれる。

「声はどの程度でよろしいか」

との天皇のご質問に、

「普通でけっこうでございます」

と下村総裁。

二度目の録音を終えて、

「もう一度朗読してもよいが」

とおっしゃったが、二度で終了となった。目に涙をためていらっしゃる。心労のほどが誰にもわかったという。

時刻は午後十一時五十分。放送を何時にするか？　先の閣議ではまたもや議論となったが、首相の一言でラジオ放送は八月十五日正午に決まった。

天皇のお声を収めた録音盤二組（一組二枚）は有り合わせの木綿袋に入れられ、徳川侍従によって皇后宮職事務官室の整理戸棚の横にある書類入れの軽金庫に収められた。これが放送局や宮内省などに厳重保管されていたら、クーデター軍の手に渡っていたかも知れなかった。

「国民神風隊」の反乱

一方、ポツダム宣言受諾の報が知れた段階で、陸軍の若手将校たちの間で不穏な動きが始まっていた。なかでも無条件降伏に反対する椎崎中佐と畑中少佐を中心とした動きは、井田中佐を巻き込み、さらに広がっていった。承認を得て担ごうとしていた近衛師団を統括する森師団長を、逆上した畑中少佐がピストルで殺害。止めにはいった白石中佐も軍刀で切り殺されてしまった。こうして一気に反乱が始まった。

反乱軍は一時宮城を占拠。放送局も反乱軍に占拠された。玉音放送の録音盤を求めて懸命の捜索が始まったが、入り組んだ建物であり、一室々々探していっても結局わからずじまいで、今度は何とか自分たちの意図だけは国民に知らせたいと移動して放送室に突入するが、気丈な女性放送技術員保木玲子や館野守男放送員に阻まれて、反乱軍は遂に目的を果たせないまま、鎮圧されてしまった。

この辺りは『日本のいちばん長い日』を参考にさせていただいたが、映画でも印象的に描かれていた。ついでながら、テレビも含めて何度も映像化された『日本のいちばん長い日』は先年（二〇二一年一月）九十歳で亡くなられた半藤一利さんが書かれたドキュメント作品が原作（これも全く余談だが、かつて半藤さんが「鈴木家とは血がつながってはいませんが、親戚なんですよ」とおっしゃっていらしたことも懐かしく思い出す）。

敗戦を受け入れられない軍人たちは、各方面で蜂起しようとした。その中で東京警備軍横浜警備隊長の佐々木武雄大尉は中隊長たちを説得できず、単独でもやるといきまいて、軽機関銃を有する小隊三十人が参加した。さらに横浜高工学生五人に、乗用車一台、トラック一台で「国民神風隊」を結成。「敗戦の張本人」である鈴木首相と平沼枢密院議長などを殺害するため、十五日午前四時、鶴見を出発した。

まず首相官邸へ。

正門前に軽機関銃二挺を据えると「撃て、撃ちまくれ！」。その時の弾痕は僅かながら今も首相官邸に残っている。

官邸内をくまなく探したが鈴木首相は見当たらなかった。

「首相は私邸に帰りました」と教えたのは、なんと首相官邸を警備するはずの警察官だった。

「わたしもあなたたちと同じ気持ちです」と。そこで廊下の絨毯《じゅうたん》に重油をまいて火をつけて引き上げ、小石川丸山町へ向かった。火は職員や警備員がすぐ消し止めたので大事にはならなかった。

自宅で焼け残ったのはシュロ４本だけ

鈴木首相と秘書官たちは、無事終戦に漕ぎつけることができ、いっとき放心状態に似た静寂の中にあった。だが、夜も更け、明日はまた早くから動かねばと気を取り直して、やっと帰宅し、眠りについたばかりだった。

そこへ官邸の佐藤朝生総務課長から、「今軍人の率いる一隊がトラックで小石川の私邸に向かったので、注意して下さい」と急報が入った。官邸と私邸を結ぶ非常用の直通電話は二日前に繋がったばかりだった。

すぐに首相は国民服に着替えて上着を引っ掛け、ステッキをついて、祖母のタカはもんぺ姿で、皆大急ぎで裏門から外へ出た。その時貫太郎が、

「武、おれについて来い。いつも命は助かるよ」と冗談を言った。

武さんも「総理、私も非常時男ですよ。こんな時だけ役に立ちます」と応じた。

武さんは二・二六事件の時、岡田啓介首相（難を逃れた）の秘書役をしていた。よくこんな緊急時に冗談が言えるものだと思う。

外では首相に仕えるベテランの唐沢好三郎運転手が、車の中で仮眠をとっていた。いつもは表通りへ向けて駐車するのに、この日に限って反対側を向いていた。

貫太郎、タカ、父の一、武、それに警護の壺井警部。私の兄哲太郎も乗ろうとすると、父が乗るなといって制止した。なぜ残されたか、兄は怪訝な表情をした。この車は暴徒に狙われているのだから、かえって危ない！　これも親心だった。

「若い者は生きて行かねば。我が道を行け」

父は祖父を守るために同乗した。この夜、虫の知らせで久しぶりに丸山町に泊まったという武さんが気をきかせて、祖父のモーニングを取りに戻って下さった。それがぎりぎりの時間だった。

定員オーバーの自動車は、表通りから一本内側にある急な坂道を上ろうとしたがなかなかエンジンがかからない。私邸警護の巡査や、車からも二、三人降り、みんなで車を押してやっと坂道を上った。そして突き当たりを右折して表の不忍通りに出て、本郷方面へ左折し、全速力で走り去ったという。

この時、暴徒はというと、不忍通りと千川通りが交わる氷川下（千石三丁目）交差点から上り坂を大急ぎでやってきたので、首相私邸を通り越して坂上の千葉三郎邸まで行き、Uターンして戻ってきた。祖父の家が豪邸でなく普通の二階屋だったので、見落としたのかもしれない。千葉邸はエンジンを吹かして坂を上ると行き過ぎてしまう距離でもあった。

いずれにしても、首相一行を乗せた車が、いつもの向きに置かれて表通りへ出たなら、暴徒と鉢合わせしたかもしれない。まさに間一髪だった。二・二六事件も、幾つかの幸運が重なって九死に一生を得たが、ここでも偶然が幸いして逃れることができた。貫太郎は真に強運の持ち主だとしみじみ思う。

残された私の兄は坂上の清水さんというお宅に避難して、二階から一部始終を眺めていたという。この時、母がいなかったのは幸いだった。前述したが、

「お布美さんは道子の所へ一度も行ってないでしょう。会いに行っていらっしゃい」と祖父に送り出されて、前日から秋田県石澤村へ行っていたからだった。これは偶然というより、気丈な母を避難させた祖父の親心が的中したのだ。

一行を乗せた車が本郷を目指して走り去ると、入れ替わりに暴徒がやってきた。警備の人はいた

が、鈴木家として留守宅を守っていたのは、執事の浅田さんとお手伝いの原百合さんだけだった。首謀者の佐々木大尉は百合さんに軍刀を突き付けて、「総理はいないか」と聞いた。「いらっしゃいません」と答えると、暴徒は土足で踏み込んできて部屋を一つ一つ手荒く見て回った。しかし総理の姿はない。

押し入れの襖には軍刀を突き刺した。そして障子を破り、重油を撒いて火を放った。

かつて空襲から守ってくれた消防署の人たちも、燃え盛る火をみても消そうとはしなかったという。機関銃を持った軍隊に逆らうこと自体が危険だったが、ここにも敗戦を受け入れられない人たちがいたのだ。

家は完全に焼失し、残ったのは高く聳えるシュロの木四本だけだった。私財はともかく、ここが組閣本部であったし、重要書類はじめ歴史的に価値あるものもすべて焼失してしまったのは惜しいことだった。

首相を討ち果たすことができなかった暴徒は、新宿にある平沼枢密院議長邸を襲撃した。平沼議長も命からがら逃れたが、家はガレージを残して全焼した。迫水さんの話だと、平沼氏はその時枕元に置いてあった入れ歯を忘れて退避なさったとか。すっかり老け込んでしまわれたというし、話し方も明瞭でなくなったに違いない。それほど危急の退避だった。

本郷西片町にある祖父の実妹岡本よし宅に逃れた一行は、ここで一休みする訳にはいかなかった。残してきた私の兄を気遣って、父が自宅に電話をしたのがいけなかった。受話器をとったのは兵隊だった。本郷にいることも知れてしまったので、またあわただしく出発することになる。

行く先は祖父の実弟鈴木孝雄大将の次女夏子一家が住む白金の小田村邸。孝雄も焼け出されて同家に来ていた。温かい御飯とお味噌汁などを頂いてほっと一息ついた。

「総辞職の願いを」

ここで私の父が、大事な発言をする。

「正午の御放送の見通しもつきました。これで私たちの任務は終わったと考えていいと思います。総辞職を願い出る時ではないでしょうか」

深くうなずく貫太郎首相に、父の一秘書官はいつの日かこういう時が必ずあるだろうと、かねて用意してあった原稿を取り出す。

「さきに重任を拝し戦局危急を打開せんことに日夜汲々たり。然るに臣微力にして遂に戦争終結の大詔を拝するに至る。臣子として恐懼する所を知らず。（中略）臣老骨にして克く其の任に堪えず。闕下に骸骨を乞う所以なり」（終戦の詔書にしてもそうだが、当時の公用文は随分難しい言葉遣いなのだなあと思う）

静かに目をつぶって聞いていた祖父は一字も直さず、「よくできた」と喜んだ。そして言葉を継いで「これからは老人の出る幕ではないな。二度までも聖断を仰ぎ、まことに申し訳ないことだった。新帝国は若い人たちが中心になってやるべきだね」（『聖断』）。

祖父はモーニングに着替え、一行は終戦にまつわる最後の仕事をするために官邸へ、そして御所に参内したりするわけだが、小田村さんにも数日ご厄介になっただけで、次々に移動。お隣りの磯村邸、目黒の木村邸、尾山台の佐藤邸、洗足の明石邸、田園調布の岡ノ上邸と、どこも数日で移動。結局七度転居した。これはみな警視庁からのお達しで、一箇所に長く留まるのは危険で警護できないからということだった。

そして十一月末に郷里の千葉県関宿に落ち着いたとされているが、最近見つかった警察署への特高の報告書から、貫太郎とタカは一か月後の九月十五日に関宿に辿り着き、一週間ほど休養して、また上京していることがわかった。

佐々木大尉率いる国民神風隊は、平沼邸を焼き払った後、憲兵隊司令部に出頭した。だが、佐々木大尉は隙を見て逃亡し、姿をくらませた。戦争はすでに終わっていたから兵隊はお咎めなしで、警察に出頭した学生や民間人たちは五年の実刑となった。しかし、二年半ほどで特赦によって出所できた。

佐々木大尉は、秦郁彦著『昭和史の謎を追う』によると、早々に名前を大山量士と改めて社会活動を始めている。昭和二十六（一九五一）年に「亜細亜友之会」を結成して、日本に来ているアジア系の学生や人々の面倒をみるようになったという。その頃、彼は焼き払いを詫びるために、鈴木家を訪れた。父の一が対応した。

佐々木大尉（もう大山量士）に父は、「あの時は止むに止まれずやったのでしょう」と言って慰めた。彼はすっかり感服し、韓国との親善に努めている父の手伝いをするようになった。父もまた「亜細亜友之会」を支援することになった。

実は私も大山さんという方にはお会いした気がする。後に父が主宰した「日韓親和会」の新年会などでお目にかかっているに違いない。もっとも、大山さんが放火の首謀者、佐々木大尉だとはまったく知らなかったが……。

勤労動員先で聞いた天皇の声

さて、八月十五日朝六時（米ワシントン時間、十四日午後四時）、日本からのポツダム宣言最終回答が米国政府にとどいた。太平洋地区のアメリカ陸海軍全軍に、ただちに攻撃中止せよとの命令が出た。戦闘は完全に終わった。しかし、満州では、ソ連軍の猛攻は一層強くなり、凄惨な戦いが続く。

鈴木首相は午前十時五十分、参内。十一時半、天皇陛下ご臨席の下、枢密院本会議が始まる。鈴木首相、東郷外相、村瀬法制局長官が出席。平沼議長が天皇陛下に代わってお沙汰書を朗読する。

入れ歯を失った平沼議長は、さぞ大変だっただろうとお察しする。

内容は、天皇陛下が米、英、中、ソにポツダム宣言受諾を通告され、枢密院議長が会議に参加したので、これを諒承せよ。そして首相の挨拶の後、無事本会議を通過した。こうして村瀬長官の提言通りに事は運び、ポツダム宣言受諾が正式決定となった。

いよいよ正午のラジオ放送となる。国内はもちろん、海外にいるほとんど全ての日本人が、ラジオの前に立った。「君が代」が流れ、初めて聞く天皇陛下のお声が聞こえてくる。以下は詔書全文（一部、漢字を平仮名にしたり、句読点を入れたりするなど読みやすい表記にしてある）。

朕《ちん》、深く世界の大勢と帝国の現状とに鑑み、非常の措置をもって時局を収拾せんと欲し、ここに忠良なるなんじ臣民に告ぐ。

朕は帝国政府をして米英支蘇《べいえいしそ》四国《しこく》に対し、その共同宣言を受諾する旨通告せしめたり。

そもそも帝国臣民の康寧《こうねい》を図り、万邦共栄の楽をともにするは、皇祖皇宗《こうそこうそう》の遺範《いはん》にして朕の拳々《けんけん》おかざるところ。さきに米英二国に宣戦せるゆえんもまた、実に帝国の自存と東亜の安定とを庶幾《しょき》するに出で、他国の主権を排し領土を侵すがごときは、もとより朕が志にあらず。

しかるに交戦すでに四歳《しさい》を閲《けみ》し、朕が陸海将兵の勇戦、朕が百僚有司の励精、朕が一億衆庶の奉公、おのおの最善を尽くせるにかかわらず、戦局必ずしも好転せず、世界の大勢また我に利あらず。しかのみならず敵は新たに残虐なる爆弾を使用してしきりに無辜《むこ》を殺傷し、惨害の及ぶところ真《しん》にはかるべからざるに至る。しかもなお交戦を継続せんか、ついにわが民族の滅亡を招来するのみならず、ひいて人類の文明をも破却すべし。

かくのごとくは朕、何をもってか億兆の赤子を保《ほ》し、皇祖皇宗の神霊に謝せんや。これ朕が帝国政府をして共同宣言に応ぜしむるに至れるゆえんなり。

朕は帝国と共に終始東亜の解放に協力せる諸盟邦に対し遺憾の意を表せざるを得ず。

帝国臣民にして戦陣に死し、職域に殉じ、非命にたおれたる者およびその遺族に思いを致せば、五内《ごだい》ために裂く。かつ戦傷を負ひ、災禍をこうむり、家業を失いたる者の厚生に至りては朕の深く軫念《しんねん》するところなり。

おもうに今後、帝国の受くべき苦難はもとより尋常にあらず。なんじ臣民の衷情《ちゅうじょう》も朕よくこれを知る。しかれども朕は時運のおもむくところ、堪え難きを堪え、忍び難きを忍び、もって万世のために太平を開かんと欲す。

朕はここに国体を護持し得て、忠良なるなんじ臣民の赤誠《せきせい》に信倚《しんい》し、常になんじ臣民と共にあり。

もしそれ、情の激するところみだりに事端をしげくし、あるいは同胞排擠《はいせい》、互いに時局をみだり、ために大道を誤り、信義を世界に失うがごときは朕最もこれを戒む。

よろしく挙国一家、子孫相《あい》伝え、かたく神州《しんしゅう》の不滅を信じ、任重くして道遠きをおもい、総力を将来の建設に傾け、道義を篤くし、志操をかたくし、誓って国体の精華を発揚し、世界の進運に後れざらんことを期すべし。

なんじ臣民それよく朕が意を体《たい》せよ。

御名御璽

昭和二十年八月十四日

枢密院本会議に出席した平沼議長、鈴木首相以下閣僚たちも宮中防空壕で、陛下のお言葉を聞いた。天皇ご自身は隣の御座所の椅子に座って、ご自身の放送をお聞きになった。途中でハンカチを探そうとなさったが見当たらず、テーブルに置かれた白手袋で涙を拭われたという。

私は勤労動員先の秋田にあって、前日から来ていた母や、宿としていた村長さんのご家族と一緒に、ラジオ放送を聞いた。だが電波にはむらがあり、難解な言葉を理解するのは難しく、母の解説で戦争が終わったことがわかった。感慨一入《ひとしお》ではあったが、周りで泣いている人は少なかった。

反乱軍の中心となった畑中健二少佐と椎崎二郎中佐は、天皇陛下の御声をあえて聞くことをせず、共に宮城前で自決して果てた。

新聞の特報、号外は？

正午のラジオ放送が終わるまで、一切の情報は漏らしてはならぬと箝口令が敷かれていた新聞は、特報の形で、

「けふ正午に重大放送　国民必ず厳粛に聴取せよ　十五日正午重大放送が行はれる、この放送は真に未曾有の重大放送であり一億国民は厳粛に必ず聴取せねばならない」（朝日新聞）

と出しただけで、全く異例の形で午後、「山形新聞」として号外が出た。そこには朝日新聞、読売報知、毎日新聞の名前が書いてあった。合同して出したのに違いない。次のように大きな横一段の文字から始まる。

「四国共同宣言を受諾・飽くまで国体護持」

「畏し聖上、未曾有の詔書御放送

万世の為太平開く

総力を将来の建設に」

そして詔書全文が掲載されている。その中心に大きな文字で、

「挙国一家神州不滅を信ず」

さらに「鈴木首相　内閣告諭発表」として、警告している。

「承詔必謹　軽挙を戒む」

それとは別に朝日新聞は夕方に出された朝刊に、

「戦争終結の大詔渙発さる」

と横に大きな文字で一段抜き。縦には、

「新爆弾の惨害に大御心
　帝国、四国宣言を受諾

畏し、万世の為太平を開く」

各紙、詔書全文とポツダム宣言全文を掲載。そして、次のような字句が並ぶ。

「国の焦土化忍びず　御前会議に畏き御言葉

必ず国威を恢弘　聖断下る・途は一つ　信義を世界に失ふ勿れ」

「再生の道は苛烈　決死・大試煉に打克たん」

毎日新聞は横と縦に大きく、

「聖断拝し大東亜戦争終結」

「四国宣言を受諾

万世の太平開かん」

「時局収拾に畏き詔書を賜ふ」

「新爆弾・惨害測るべからず」

米英支宣言とカイロ宣言があり、「内閣告諭」として、

「国運を将来に開拓」

「同胞に難きを求む」

といった文字が飛びこんでくる。

ここで注目したいのは毎日新聞の社説だ。他紙が主に天皇陛下の御心への思いや敗戦の痛みに沈む中で、

「過去を肝に銘し

前途を見よ」

と、過去を改めて見つめ直すことの重要性を説く。それを第一に挙げ、未来に向けて再生を誓う姿勢を見せていることだ。

ほとんどが敗戦の混乱という現時点からの立ち直りを呼び掛けていて、「さあ、新しき国民道

へ！」（朝日新聞大阪版）といった勇ましいものもあり、中にはまだ「死せず『亜細亜の魂』東亜解放の途へ団結」（朝日新聞）などと説くものもある。

いずれも過去に引きずられながら、何とか多難な途を行く覚悟を示している。そして宮城二重橋前の砂利が敷きつめられた広場に土下座して頭《こうべ》をたれ、泣き崩れる人々を写した写真が掲載されている。終戦を受け止めた多くの日本人の心を象徴して感慨深いものがある。

しかし、十代そこそこの私たちは、敗戦の屈辱よりも、もう殺し合わなくていいのだと、悲惨な戦争が終わったことの方が喜びだった。夜も明りが漏れないかとびくびくした灯火管制ももう終わり。黒い布で覆われた日々から解放された喜びを語り合ったりした。中にはモンペをすぐ脱いで、ワンピースに着替える女の子もいた。

同列にしては申し訳ないが、天皇陛下も十五日いっぱいで軍服を脱がれ、長い間お召しになることがなかった平服に着替えられた。

妻や息子に伝えた天皇の言葉

午後二時から閣議が行われた。一つだけぽつんと空いた席。まず鈴木首相から阿南陸相の自刃が報告され、一同悲壮な思いの中で冥福を祈った。閣議の直前、下村国務相が首相のもとを訪ね、一片の紙を渡した。

そこには「この上の覚悟御無用」と書かれていた。

「ありがとう。ご心配には及びません。ご安心下さい」とお答えしたという。そう、祖父も海軍軍人だ。自決するのではないかと危惧した閣僚もいたのだった。

　閣議では池田綜合計画局長官の発案を基に、軍部が保管している物資を民間に払い下げ、復員将兵たちへも分け与えることが閣議決定された。アメリカ軍に没収される事もなく、物資の乏しい時世にありがたい。悄然《しょうぜん》と故郷を目指す復員兵にも、動揺する国民の安定にも効ある決定となった。

　東郷外相からの長い報告は重要だった。ポツダム宣言受諾の正式文とは別に、

「艦隊や軍隊の本土進駐はあらかじめ予告されたい」

「停戦に関し遠隔地には猶予を与えよ」など、重要事項が日本の希望として連合軍に申し入れてあった。

　生前の阿南さんには、東郷外相が話されていたので、少しは心が軽くなられただろうと思う。最後に鈴木首相が辞任の意を表明し、併せて全閣僚も辞表を提出した。

　閣議はいったん休憩に入る。首相は早速、例の辞任の言葉とともに総理を筆頭に全閣僚の辞表を携えて参内。天皇陛下に奉呈した。陛下は親しく、

「鈴木」と呼び掛けられ、

「ご苦労をかけた。本当によくやってくれたね」

　そしてもう一度、

「本当によくやってくれたね」

と二度もおっしゃった。

「何分の命あるまでそのまま職務を執るように」とねぎらわれた。さすがに熱い涙がとめどなく溢

れ出したという。官邸に戻ると、その感激を涙ながらに息子一に話して聞かせた。

四時半から開かれた第二回閣議では、天皇陛下が内閣総辞職の奉呈を受けられ、労をねぎらわれたことを報告。ここに四か月余にわたり苦労を共にして、悲惨な戦争の終結に漕ぎつけた鈴木貫太郎内閣は任務を終了した。しかし首相にはまだ重要な役割が残っていた。

訂正箇所は「老兵の一人として」

天皇陛下の玉音放送で、突然敗戦を知った国民へ向けて、ラジオ放送を通して事情説明や今後の在り方、決意などを示唆すべく語りかけねばならない。放送は「大詔を拝して」と題して午後七時四十分に行われる。この草稿については、迫水さんが内閣書記官長としての最後の仕事として、苦心して書いたと言われている（『大日本帝国最後の四か月』）。

一方、武さんは、総理自身の「国民に告ぐる言葉」を直接伺って、西村書記官と二人で書き上げた、と記している（『怒濤の中の太陽』鈴木武著）。以下、武記す。

「敗戦日本の総決算であるだけに、首相の胸中は、いいたいことで一ぱいであった。

一、わが国のポツダム宣言の受諾
二　ソ連の参戦と米国の原子爆弾について
三、宣戦の理想、戦争の経過、終戦に至る経緯
四、陛下に対するお詫びと国民に対する感謝

五、日本軍隊の消滅と将兵に対する感謝と武装解除について
六、戦歿将士ならびに戦火に散った国民に対する哀悼と感謝
七、帰還軍人、傷痍軍人、戦災者に対する国家と国民のいたわり方
八、これからの日本国、日本人
九、民族永劫の存続と復興再建
十、日本の究極の理想達成について
等々、まったく多岐多様にわたるものであった」

武さんは総理からの要領筆記は自分のポケットの中にあったとし、総理の気持ちを、次々に綴ったことが書かれている。これは本当だと思う。そしてその草稿を基に、書記官長としての最後の仕事として、迫水さんが手を入れて書いたのではないかと思われる。他人の草稿に自分の思いも入れたい。それで、かえって時間がかかったのだろう。ようやく出来上がったという原稿は、どちらも同じだった（ただ武さんの方は片仮名、迫水さんのは平仮名で書かれている）。

四千字という長い文章の放送だが、終戦を告げる陛下のお言葉に対し、国民を代表として終戦の受け止めを述べた内容だった。放送に先立ち、貫太郎が中ほどの一箇所だけ文言を訂正したところがある。元の文章は、次のとおり。

「私は今日計らずしてこの悲痛なる終局を、政府の首班としてみずから措置するの運命をにないましたが、私の一生の大半は帝国軍人たるの生活でありました。将兵諸君の胸中は、この私も十分お

察するところであります」。この後半部分を、
「将兵諸君の胸中は、この私も老兵の一人としてよく存ずるところであります」と修正している。
やはり貫太郎は海軍大将であった。鈴木内閣が成立する時に多くの助言を下さり、よきサポーターであった元首相岡田啓介大将は、貫太郎が敗戦の将となったことは、民間人首相とは違う感慨があっただろうと察している。

終戦に導いた貫太郎については賛否両論、様々な意見があるが、私はそれらの中から、この項目の最後にふさわしい、志賀直哉氏の一節を上げておきたい。

志賀氏は私の母の親友である小説家・網野菊さんの恩師であり、一度家に訪ねてこられたこともあった。貫太郎自身には直接会われたことはなかったが、終戦の翌年に「鈴木貫太郎」というエッセイを書いていらっしゃる。その中の終戦についての一節を。

「組閣の初めに軍部の要求を入れた事も、今から思へば含蓄あるやり方だつた。正面衝突ならば、命を投出せば誰れにも出来る。鈴木さんはそれ以上を望み、遂にそれをなし遂げた人だ。鈴木さんが、その場合、少しでも和平をにほはせれば、軍は一層反動的になる。鈴木さんは他には真意を秘して、結局、終戦といふ港にこのボロボロ船を漕ぎつけた。吾々は今にも沈みさうなボロボロ船に乗つてゐたのだ。軍はそれで沖へ乗出せといふ。鈴木さんは舳《へさき》だけを沖に向けて置き、不意に終戦といふ港に船を入れて了つた。原子爆弾と露西亜の参戦が、それに機会を与へた事は勿論であるが、この事なくしても、八月十五日の大詔は遅かれ速かれ、鈴木内閣

で発せられたに違ひない」

老いた祖父、やっと解放されるが……

八月十七日、鈴木貫太郎内閣が総辞職した後、東久邇宮稔彦《なるひこ》王を首班とし、近衛文麿氏が後見役となる内閣が、短い期間ながら終戦の混乱期を治めることとなった。その間しばらく貫太郎一行は転々と居を変えていたが、移動のための車は東久邇さんのご厚意でお借りできたものだった。そして本格的に千葉の関宿に落ち着いたのは十一月二十五日だった。大抵の本に、終戦後関宿に帰ってからは悠々自適の生活などと書いてある。しかしまだ結構忙しかった。

幣原喜重郎首相の命を受け、懇意だった吉田茂外相が枢密院議長になってほしい旨、頼んできた。吉田さんは義父の牧野伸顕を通して祖父と懇意だったようだ。外相就任の時も、身を隠している仮住まいへ外相就任のご挨拶にいらした。そのとき吉田さんが「何か心することがあればお教え頂きたい」とおっしゃったあとの、祖父の次の言葉が、結構有名になっている。

「戦争は勝ちっぷりもよくなくてはいけないが、負けっぷりもよくなくてはいけない」

「尤もだと思った」と吉田さんは書かれているが、この言葉は、迫水書記官長にも言っている。

十二月はじめに、吉田さんは令嬢麻生和子さんを伴い、関宿を訪ねられた。枢密院議長への正式な要請だった。当時近衛さんはじめ広田弘毅や大物政治家が次々に戦犯指名を受けていた。鈴木は戦犯にはならないことをGHQに確かめた上でのお頼みだった。初めは当然お断りしたが、吉田さんは憲法改正が控えていて、このように言った。

郷里の関宿で。タカ夫人との生活のひとこま＝（提供・著者）

「最も心がかりなのは皇室の問題である。せっかく終戦の大業を成し遂げていただいたが、憲法で皇室問題が危殆に瀕するようなことがあっては大変である。陛下のお人柄や、日本皇室の伝統について最も精しく、陛下の御信任の厚い閣下としては、なんとしても政府に協力して画竜点睛《がりようてんせい》をして貰わねば、せっかくの終戦がただの敗戦降伏になる」

そのように吉田さんに説得され、皇室の将来にかかわる重大問題ということであれば、断るわけにはいかない。お受けするほかはなかった。

こうして平沼枢密院議長が戦犯に問われて辞任した後を受けて、十二月十五日枢密院議長となった。貫太郎は議長として重要な仕事をしている。翌年元日、天皇陛下のいわゆる「人間宣言」の詔書が、枢密院に諮られた。この案文には貫太郎もかかわっていると言われる。

歌手ビング・クロスビーの見識

ところで、私たち日本人にとって終戦は一九四五年八月十五日と決まっている。しかしアメリカ及び連合国にとっての戦争終結は別だ。同年九月二日、米戦艦ミズーリ号上で行われた日本降伏文書の調印をもって第二次世界大戦は終了した。この時の日本側降伏使節団の首席全権は重光葵外相だった。ミズーリ艦上には世紀の調印イベントを見ようと、数千人の連合国将兵たちが鈴なりになっていたという。

ここで余談になるが、音楽に関する美談を。調印式が終わると祝賀会が行われた。その時に花を添える余興の主役に是非歌ってほしいと、ビング・クロスビーの所へ、連合軍代表としてカナダ軍将校が依頼のためにやってきた。ビング・クロスビーといえば、世界的な名歌手。日本でも毎年暮に流れる「ホワイト・クリスマス」の歌声でも広く知られている。彼は「四〇年代の声」（一九四〇年代は彼の全盛期だった）と言われる程、アメリカだけでなく全世界で人気の大スターだった。まさに世紀のイベントに相応しい大歌手である。

しかしビングはこの申し入れを断った。

「相手の傷口に塩を塗るようなことは、私はやらない」

これは評価されるべき見識であろう。彼の心優しいまろやかな歌声に相応しくもある。ビングの自伝『BING CROSBY : The Hollow Man』を読んでいて見つけたエピソードだ。

第七章

終戦後の秘話

憲法制定に関わる

「憲法九条に敬意を表する」

ここで新憲法作成について、いくつかの過程があったことを書いておきたい。

令和四（二〇二二）年五月二十五日付の朝日新聞「多事奏論」に、「忘れられた憲法草案」と題した一文が載っていた。筆者はオピニオン編集部記者の駒野剛氏。駒野氏は憲法制定までの経緯を紹介している。

憲法学者で、戦前治安維持法違反で投獄されたこともある鈴木安蔵を中心に高野岩三郎らと憲法研究会を発足。昭和二十（一九四五）年十二月二十六日に憲法草案要綱が首相官邸に渡されて新聞発表された。

要綱の冒頭には「日本国の統治権は日本国民より発す」と国民主権を謳い、「国民は民主主義並平和思想に基く人格完成社会道徳確立諸民族との協同に努むるの義務を有す」とあり、日本国憲法の平和主義に連なる条項も盛り込まれている。この要綱は後のＧＨＱの草案作りに少なからぬ影響を与えたという。

「焦土の中、果敢に議論し、日本のあるべき姿を求め、自ら憲法を作ろうとした人々がいたという事実を忘れてはなるまい」

駒野氏は、そう訴えている。

一方政府でもマッカーサーから日本側で改正案を作成するようにといわれ、幣原内閣は憲法問題調査委員会を組織した。宮沢俊義、河村又介、清宮四郎、石黒武重、楢橋渡、入江俊郎、佐藤達夫、（委員）で発足した。主任大臣松本烝治が委員長となって執筆し、一案が出来た。それによると、

一、天皇は軍隊を統帥するものとすること、ほかが骨子となっている。

この草案をＧＨＱに提出したのだが、民政局長ホイットニー少将がこれは承認できないとした。そして、総司令部が作成したものを承認せられたい。ついては二十分の猶予を与えるので、確答せよとのことだった。

そんな馬鹿なと思われるが、実は当時、天皇をはじめ日本への制裁に厳しいソ連やオーストラリアに口出しされる前に決着を付けたかったというアメリカ側の事情があった。つまりは天皇制を残して日本を統治しようとしていたＧＨＱの思惑から出たことだった。

結局その日は持ち帰り、閣議にかけた上で幣原首相とマッカーサー元帥との会見となる。マッカーサーはソ連やオーストラリアの猛反対を押し切り、天皇制を維持したいから、この憲法の基本原

則を日本政府は出来るだけ早く受け入れることが必要である、として、基本原則は二つ、一つは天皇を象徴とすること、もう一つは戦争放棄である。あとは、この案通りという事ではない、と語った。

幣原首相はことの重大さから、すぐに天皇陛下に拝謁した。熱心に聞かれた天皇は、

「それで差支えないじゃないか。改革は最も徹底的にするがよい。天皇から政治的機能のすべてを剝奪するほどのものであっても、自分は全面的に支持する」

とおっしゃった。これで幣原首相も肚が決まった。そしてアメリカ案をもとに書き直され、行き違いもあったりしながら英文に翻訳されて、三月六日「憲法改正草案要綱」として発表。天皇陛下からは勅語が出された。審議すべき枢密院も通さずの超特急だったが、鈴木枢密院議長はいずれ条文化して、発布する以前には枢密院の決議を通すからということで承認した。

祖父貫太郎は議長としてその他にも重要な仕事をしている。

昭和二十一年元日、天皇陛下のいわゆる「人間宣言」（新日本建設に関する詔書）が、枢密院に諮《はか》られた。この案文には祖父もかかわっていると言われる。

新憲法について、枢密院本会議で憲法改正草案の第一回審査委員会が開かれたのは四月二十二日。折しも幣原内閣総辞職の日だったが、幣原首相は枢密院で提案理由や経緯を述べ、天皇を巡る各種議論が交わされた。鈴木議長は議事進行以外あまり発言はしないのだが、この日は珍しく発言し、第九条と、象徴とする形で天皇が存続した第一条に触れて意見を述べている。

「ポツダム宣言が国体を変革するものであるかどうか、終戦のときから疑問を持つ者が多かった。

付和雷同する人達は、これを捉えて策動さえもした。然し私は、宣言のうちに日本国の形態は日本国民の意思によって決められるとあるので、予てから絶対に大丈夫だという確信を持っていた。しかも今度の憲法改正案の第一条によって明らかに国体が護持されたことを知り、大いに安心し且つ敬意を表するものである。また第九条の戦争拋棄の条項について心配する向きも多いが、古来『柔よく剛を制す、柔弱は正路なり、強豪は死の道なり』という言葉がある。第九条は正にその点をあらわすもので、これまた大いに敬意を表する」と語った（『鈴木貫太郎傳』）。

審査の間に幣原内閣から吉田茂内閣に変わり、吉田首相が憲法議題の最後を見守る形となった。二月十三日、米総司令部案として政府に渡された「新憲法草案」が、昭和二十一年六月八日、天皇陛下ご臨席の下に枢密院で可決承認された。

第九条に込められた理想は世界に先駆けたものであり、人類の理想を謳った平和憲法と言われる。祖父は議長として、世界を敵に回して戦った日本が、全世界に向けて平和を誓うことに大きく貢献し、新しい日本の行くべき道筋をつけたことにもなる。吉田首相の言うとおり、終戦はただの敗戦降伏以上の結果となった。

祖父貫太郎は無事大任を果たして同日、辞表を提出した。吉田首相からもう少し留任してほしいと乞われたが、六月十三日付で承認され、依願免官となった。

こうして晴れて公職を離れ、やっと一人の私人として老体は自由の身となった……。

マッカーサーから吉田茂への手紙

来客多数、ヴァイニング夫人も

祖父は関宿~東京をしげく行き来することもなくなり、郷里でのゆったりとした生活にはいった筈だった。確かに日記代わりの手帳には、「梅実採取」とか、「甘藷採取、約三百貫、八名ニテ行フ」「ジャガ芋採取、五俵許《バカ》リ」「初メテ南京（注・カボチャ）一個ヲ採取ス」などとある。周囲には、ひっそりと静かな生活ぶりに映ったのだろう。

それを見兼ねて、旧海軍から四十万円を贈るという話があったという。しかしきっぱり断った。また郷土の偉人顕彰の意から千葉県県会議員が、五百万円の贈与をきめて申し出てきたときも、「いかなる事情があるにせよお受けできぬ」と謝絶を押し通して、その気骨ぶりを示したと半藤一利さんは書いている（『昭和と日本人　失敗の本質』）。

実際の生活ぶりはほとんど毎日のように訪問客があった。皇太子殿下の英語教師ヴァイニング夫人も帰国を前に終戦時の事情を詳しく知りたいと訪れ、長時間にわたる説明で納得されて帰られた。昭和天皇は、平和理念としてのキリスト教に深い関心がおありになった。これは我田引水かも知れないが、私の祖母タカの影響も少なくないと思われる。

タカは独身のころ、皇孫時代の裕仁親王はじめ、秩父宮、高松宮のご養育掛を十年間務めている。タカの父親・足立元太郎は信心深いキリスト教徒。タカ自身は洗礼を受けていないが、父親の影響の下で育っている。賛美歌などもお教えしているので、昭和天皇も小さい時から自然とキリスト教のよいところに馴染んでいらしたと思われる。

昭和二十一（一九四六）年三月、マッカーサーの依頼で教育使節団が日本を訪れた。そのとき天皇は、戦後日本は世界に通用する教育を身につける必要があると、皇太子の英語教師として「狂信的でない女性のキリスト教徒で、日本ずれしていない人物」を推薦してほしいと依頼なさった。

アメリカで公募したところ、六百人の応募があったという。その中で有力だった一人がヴァイニング夫人で、もう一人がチャップリン女史だった。経歴からいえばハワイ大学の学位をもつ後者の方が優れていたが、ハワイの日系二世だったので候補から外された。宮内庁内部の話として、日本人に与える印象を気にしたともいわれる。日本ではワシントンやリンカーンの名前を知らなくても喜劇王チャップリンを知らぬ人はいない。ヴァイニング夫人は、クエイカー教徒であることもよしとされて、天皇に推薦され裁可となった。

日本での通称はヴァイニング夫人だが、本名はエリザベス・ジャネット・グレイ・ヴァイニングという（一九〇二〜一九九九年）。アメリカ東部のフィラデルフィア出身。図書館学を専攻して司書となり、ノース・カロライナ大学に奉職し、二〇代から作家としても活躍。反戦で知られるクエーカー教正会員となり、戦後の一九四五年、作家活動をやめて、アメリカ・フレンズ奉仕団広報部に勤務中、皇太子の英語教師となった。最初は一年契約で一九四六年十月に来日したが、大変評判がよく、結局一九五一年十二月までの五年間日本に滞在した。

皇太子さまが学習院中学三年生のとき、最初の授業でヴァイニング夫人は、クラスの生徒に英語の名前をつけた。皇太子にはジミーと呼びかけた。すると「僕はプリンス、皇太子明仁です」と答えたというエピソードが残っている。立派である。夫人は人格者であり広く尊敬されたが、来日したときの意識に、やはり戦勝国アメリカ人のおごりがあったと私には感じられる。多分皇室はじめ多くの日本人に接しているうちに、そうした意識はなくなっていったのだろう。

祖父の元へは、GHQ関係の要人、UP特派員ほか外国人客も多々あった。特にGHQ関係者は、ソ連の天皇制廃止の主張に対抗するために、天皇と国民の難解な関係や実情について聞きにきたようだ。時には六時間近くも丁寧に説明している。UP記者はソ連に和平仲介を申し込んだ時、日本はどんな条件をソ連に提示したのかといったことも聞いてきた。

また宮中参内や大宮御所にご挨拶に伺うなど、相変わらずたえず上京している。新聞社も訪ねてきて、ほぼ毎日のようにどなたかに会う忙しい生活ぶりではあった。

終戦の日から丁度一年後の昭和二十一（一九四六）年八月十五日。毎日新聞に、「日本はかくて

破れさりぬ　〝あの時〟を語る鈴木貫太郎男」という記事が載った。

首相をあえて引き受けた事情から、終戦にいたる困難な経過、対ソ連工作の失敗や、終戦か戦争継続かの対立の中で開かれた御前会議とご聖断、阿南陸相の自刃など、様々な出来事を分かりやすく述べ、現在の心境までが書かれている。

そのなかで、今次大戦に対する考えも述べている。

「当時戦争に対する私の考え方は日本が如何に努力して見たところで所詮勝つことはできないものだということであった。だから私に大命が降りた以上何とかして早くこの戦さをやめさせなければならないと思い、その目的に向って進むことを覚悟していた」

一貫して終戦への厳しい思いを述べ、平和への願いは言葉には出せなかったが、天皇陛下と同じ思いだったことが語られている。

またポツダム宣言が発せられたとき、

「私としてはその答えのなかで『拒絶する』とは決していわなかった」

と誤った定説にもはっきり証言し、

「もしもあの時私が講和する絶好の機会であるとでもいったら私は当然殺されていただろう。死ぬのはいいとしても目的の中途で死ぬことは私には堪えられないことで（後略）」

と言っている。

「武士道は世界の道義であるはずだ」

さらに日本の運命を決める御前会議で、終戦が決まった経緯などが書かれている。

「降伏を受け入れる時の気持は、私としては至極平静であった」

国体護持の条件などをつけることについても、

「こちらは敗れたのである。敗れた以上は男らしくすべてを相手方に委せる以外になく（中略）。しかし私は次の一点につき絶大な信念を持っていた。それは敵将を信頼するということである。武士道は日本の独占物ではない、世界の普遍的な道義である。（中略）私はマッカーサー将軍の個性は知らなかったが、私も武人の一人としてこの心理を固く信じていた。当時種々と従って不安感に基づく噂が飛んだが、私はいささかも心配しなかった」

「陛下はマッカーサー司令官の占領政策は公明正大で今の進行状態は極めて満足であると仰せられていた。今となって敵将を信ずるという私の信念は全く正しかったことを知り、連合国の占領政策及び今展開されつつある日本の民主主義化の過程を見つめつつ、この片田舎に身をひいてはいるが、『終戦』の進路に操舵したことは決して日本を不幸にしたものではないということを事実として知り、私は非常に嬉しく思っている」

この毎日新聞の記事を吉田茂は読むなり、即座にマッカーサー元帥に書簡で知らせた。マッカーサーは喜んで、感謝の手紙が吉田に返ってきた。吉田の書簡は以下のとおり。

「今朝私は、日本の一新聞で、降伏時に首相だった鈴木男爵が語る日本降伏のさいのお話を目にとめました。
その話の最後に申されていることに、私は全く同感であります。（中略）（この）態度と心情は、陛下の御態度や御心情と等しいだけでなく、（中略）大多数の人々の態度や心情と同じであると確信致します」

マッカーサーから吉田氏宛の返信。

「降伏の際に鈴木男爵が経験した感動的出来事の個人的回想を送って下さったことに感謝申し上げる。
私は貴下の御配慮を有難く思い、貴下と男爵が表明された好意に感謝の意を表するものである」

新聞記事、往復書簡、それらがすべて八月十五日、同日に行われたことも印象深いものがある。

ちょうど同じ頃、敗戦一年にあたっての諸感想を「終戦の表情」でも述べている。これは終戦の翌年六月、労働文化社社長の河野来吉氏が来られ、何回かにわたって聞き取りをされてまとめたもの。「誇大妄想から現実へ」の項では、日本の過去二十年を振り返って悪夢と呼び、日清、日露の戦い以来、日本は誇大妄想にとりつかれていたが、敗戦は日本の近代史のご破算だと思うと述べ、いくつかの提言をしている。

「昔から聖人は、『その微を慎しむ』ということをいっているが、政治の要道は国家の微細な点をあやまらず、それを正道に導いてゆくことから始められねばならぬと思う。日本は敗戦により、今後二十年、三十年というものはポツダム宣言の忠実な履行ということに専心せねばならぬ。

こういうことであろう。日本国民が嘘をつかぬ国民になることである。そして絶えざる努力を続けてゆくことである。それ以外に道はない」

続けて、政治は正しい国民の世論によって行うべきで、「暴力、金力による支配は、敗戦日本が痛いほど過去に舐めて来た失敗であって、再び繰り返すべからざるものと思う」と述べている。

これらの提言は七十有余年前にのみ当てはまるものではなく、むしろ今の世の中や特に政治のありようにこそ生かさなければならないと私は思う。これらの言葉をもう一度嚙みしめるべきであろう。

貫太郎、牛を飼う

公職引退後、関宿で果たしたことの一つに、酪農の奨励があげられる。

船が物流の中心だった江戸時代、関宿は大いに栄えたが、陸路が発達した後は、過疎の村になっていた。しかし利根川の堤は立派で青々とした草に覆われて広々と続いていた。祖父はそこに着目したのだった。

かつて若い日々をドイツ駐在武官として過ごしたヨーロッパでのこと、酪農が盛んな北欧デンマークなどにも足を延ばした。そうした経験から、利根川の堤を牧草地として開発したらどうかと思いついた。

幸い妻タカの父・足立元太郎は札幌農学校の出身である。タカの弟の足立仁はヨーロッパに学び、早くから無農薬の農業を提唱した学者だった。彼にも相談し、講師に招いたりした。関宿で牛を飼っている農家は僅かながらあったが、それを本格的に広め、関宿に新しい農業の在り方を広めよう。もっともっと牛を飼おう。それには若い農業者に積極的に参加して貰いたいと思った。そこで立ち上げたのが農事研究会だった。

農協の指導員を呼び掛け人として、各部落から二名ずつ、計二十四人で始められた。初代会長は青木忠蔵さん。新しい農業の在り方を探るのと同じくらいに祖父が力を入れたのは、敗戦後の新しい日本を築いて行くべき青年を育成することだった。

例会では貫太郎が提唱した「奉公十則」をまず全員で朗読した。

一、窮達を以て節を更ふ可からず
一、常に徳を修め智を磨き日常の事を学問と心得よ

一、公正無私を旨とし名利の心を脱却すべし
一、共同和諧を旨とし常に愛敬の念を存すべし
一、言行一致を旨とし議論より実践を先とすべし
一、常に身体を健全に保つことに注意すべし
一、法令を明知し誠実に之を守るべし、自己の職分は厳に之を守り他人の職分は之を尊重すべし
一、自己の力を知れ驕慢なる可からず
一、易き事は人に譲り難き事は自ら之に当るべし
一、常に心を静謐に保ち危急に臨みては尚沈着なる態度を維持するに注意すべし

この「奉公十則」は明治四十二（一九〇九）年、練習艦隊宗谷艦長として、乗組の海軍少尉候補生に示した心得だった。後に額として海軍大学校に長年架けられていた。また、「正直に腹を立てずに撓《たゆ》まず勵《はげ》め」と書かれた色紙を二十四人に配った。この言葉が刻まれた石碑が、貫太郎の母校、桃井小学校に今でも立っている。

農事研究会は、住まいの二部屋を大広間として使い、東京からも講師を招いて教えを受けた。年配者はなかなか新しいものに挑戦する気配がなく、誰かが牛を飼って酪農に成功すれば自分もといった傾向があったが、戦地からの帰国青年や若い人たちは真剣に学び、次第に実行に移していった。だが本格的に実績を上げるようになったのは、祖父が亡くなってから数年後。祖母タカがしっかり

晩年まで愛した葉巻。煙が故郷の風に乗って流れてゆく……＝（提供・野田市鈴木貫太郎記念館）

後を引き継いで、村民と共に事業に携わった。

かつて利根川の堤防のために三百町歩を潰されて一層貧しくなった関宿は、年間米麦収入が一千五百万円だった。しかし酪農が成功するとそれを凌いで一千六百万円になったと言われる。

関宿での生活の中での出来事としては、貫太郎、タカの木彫像が出来たことも記念すべきことだった。これは著名な彫刻家宮本重良氏が手掛けたものだが、彼は戦争中から関宿に疎開してきていた。終戦の翌年、たまたまお寺の境内をモンペ姿でステッキをついて散歩する祖父を見掛け、普通の老人ではないと感じたという。

一方、地元ではなんとか貫太郎の偉業を顕彰したいと思い、主治医の浜野政三先生を中心に寄付を募り、宮本氏に彫像制作を依頼。早速着手された。これには地元の「洗心会」と「ぼたん会」のご尽力があり、深く感謝している。

祖父は農事研究会の方々を中心に「洗心」と揮毫した色紙を差し上げていた。「洗心」には、清く正しい心で生きて仕事をしようという意味が込められている。

代表として浜野先生が音頭をとって「洗心会」が出来、女性は浜野八重子夫人を中心に「ぼたん会」が出来た。貫太郎の彫像を作るのなら、タカ夫人の彫像もという「ぼたん会」の要望で夫婦像が実現した。絵を描く祖母は、晩年もっぱらぼたんの絵を題材にしていたのだ。

貫太郎の手帳によると、宮本氏は昭和二十二年五月四日から六月末までほぼ毎日、祖父母のスケッチを重ね、楠の名木で鑿《のみ》をふるった。高さ三尺五寸、台の上に置くと四尺の立像。「よく出来ました」と祖父は喜んだという。背面には、

「天之道利而不害聖人之道為而不争」

と彫ってある。これは『老子』の最終章であり第八十一章の最後の言葉。意味は「天の道は利益を与えて害を加えないことであり、聖人の道は行動して争わない事である」（小川環樹訳）。

ついでながらこの章には、「信言不美　美言不信　善者不辯　辯者不善」（雄弁は真実のことばではないから、できるだけことばを費やさずにきた）という一行もある。老子の姿勢がうかがえる言葉だが、祖父も首相の座にあって言葉少なにことを運んだといわれる。やはり老子の教えを踏襲していたのだろうか。

この木像完成除幕式は十二月三日、関宿小学校で行われた。

鈴木内閣で情報局総裁だった下村宏氏や国務大臣だった左近司政三氏、野村吉三郎海軍大将等も参列された。貫太郎は大変感動して目頭を熱くしたといわれる。その後木像は日本美術院などに出展され、各地で展示された。また左近司氏の提案で、貫太郎の彫像をご神体として鈴木神社を建立したらどうかという話もあったと聞く。二体の彫像は、「鈴木貫太郎記念館」に展示されていた。

終　章

消えた銃弾

永遠の平和

終戦から二年後の昭和二十二（一九四七）年夏、祖父は首筋の後ろに腫物が出来て苦しんだ。アメリカにはペニシリンという特効薬が既にあったが、日本にはまだない。それで私の母布美が何とか手に入らないかと、アメリカ人に聞いたり色々走り回ったりしたのを覚えている。結局、東大附属病院で一応治療したが、元の元気には戻らなかった。後で考えると、それが病の兆候が出始めた最初だった。

訪問客があれば対応したり、我孫子に疎開していた牧野伸顕氏を訪ねたりもした。九月の台風で利根川が決壊し、大きな被害を被った折には、わざわざ出向いて埼玉県副知事の先導で、被災者を見舞ったりもしている。公用としては十二月二十二日、参内して御陪食にあずかった。その後、明治神宮、東郷神社に参拝して帰郷したのが外出の最後となった。

本当に病気らしく感じられるようになったのは、年が明けて昭和二十三（一九四八）年になってから。だが、床につくというほどでもなく、しかし戸外への散歩は気がすすまなくなっていた。気分の良い時にはどっかりと大きなアームチェアに座って本を読んだり、手垢がつくほど使い古したトランプでソリティアを楽しんだりした。人に請われれば色紙に「洗心」と書いてあげたりもした。

二月末頃までは横になったり、椅子にかけたりすることが出来たが、三月に入るとちょっとした風邪をきっかけに、起きようとしなくなった。二月のある日のことだった。死期が迫ってきたのを悟ったのだろう。次のような会話が『鈴木貫太郎傳』に記されている。

「夫人に『私もこれですることはして来た。決して間違った道を歩いたとは思わない。だから心はいつも清々している。しかし、何分にもこんな時世になったので、恩給は頂けず、死んでも扶助料も出ないだろう。物価がこんなに高くなっては、以前の貯金など役に立つまい。けれども、長持ちの中にはまだいくらかの物が入っている。あれを売りながら暮してゆけば、お前の一生は食いつなげるだろう。それに、一もいることだし、武も元気にやっているようだから、お前一人ぐらいは何んとでもしてくれるだろう』と言った。夫人は『そんな御心配はご無用です。私の一生分ぐらいは十分に土地もあり品物も残っていますから、ゆっくり暮せます』と答えると、『まあそんな気持ちでいてくれるなら、何も心残りはない。そこでいつ死んでもよいように、自分で戒名を作っておきたい。由哲文庫に行って経書を数冊借りて来なさい。よさそうな文句を選んでみるから』という。多年連れ添い、共に死生の間を潜って来た老夫婦でなければ、こんな話はできるものではない。夫人も口には出さないが、もう夫の寿命も長くないことを覚悟していた。お互いに何も彼も許し合った仲だから、淡々として死について語りあうこともできたのである。

そこで由哲文庫から借りて来た経書を繙《ひもと》いていたが、『これはどうだろう』と示したのは『大勇院尽忠日貫居士』というのであった。『大変結構でございます』という夫人の言葉に『序《つい》でにお前の分も作ってやろう』と言って『貞烈院賢徳日孝大姉』というのを示した。『私には勿体なさすぎます』と喜ぶ顔を満足気に微笑して見ていた。戒名はその後、菩提寺の住職によって『大勇院殿尽忠孝徳日貫大居士』となり、夫人の戒名も『貞烈院殿妙聞賢徳日孝大姉』となった。『さあ、戒名も出来た。木像も出来た、娑婆への置き土産は揃ったぞ』と屈托なく話していた」

祖父は、うぐいすの声をもう一度聞きたいと耳を澄ませたり、牡丹の蕾《つぼみ》を一目見たいと言ったりした。私の母が寒くないように頭からすっぽり顔を包んであげて、一緒に庭に下り立った。

「今年限りの春を惜しむ痛ましい姿だった」と母は回想している。

いつもは祖父の部屋に入ると、プンと葉巻のよい香りがしたものだったが、それも何時しか……。祖父は他に道楽がなかったから、「考えてみると随分たくさん、お札を煙りにしてしまったね」と言っていたのを覚えている。

前年十二月にはまだ講演もしていたし、参内して御陪食にも列していたのに、少しずつ体調が思わしくなくなった。十二月十三日には東京裁判の証人として出廷を要請されたが、病気を理由にお断りしている。

手帳の「一月十日　土」の項には「浜野君来訪、黄疸ノ気味アリ、詳シク診察セラル」と書かれている。ご近所の浜野政三先生が、二月に入ってからは強心剤や栄養剤の注射を定期的に、三月はほぼ毎日打ちにいらしている。東京裁判出廷せずの診断書も浜野先生に書いていただいた。

三月八日を最後に、手帳を開くこともしなくなった。食事も僅かに牛乳、卵、果実など少量を口にするだけで、次第に衰弱していく。

四月十一日、水が溜まって太鼓腹になったので、注射針で洗面器いっぱいほども腹水を取った。初めのうちは見舞い客に「暖かになれば治ると、みんな言っているようだ」と話していたが、それも十一日以後には口にしなくなった。

十五日には陛下から紅白の葡萄酒が届けられた。この時はさすがに「ありがたいことだ、もったいないことだ」と起き上がろうとして、かなわなかった。

「寝たまま拝受しては相済まぬが、どうも動けそうにない。侍従を通じて天恩に感激している旨を言上してほしい」と言いながら瞑目合掌した。涙が頰をつたっていた。

私の母は毎日のように看病に上がっていたが、十六日、祖父危篤の報を受けて私たちも駆け付けた。母によると、祖父のうわ言に出てくるのは、全て国家の大事に関することばかりだったという。やや朦朧《もうろう》となっていたが、突然はっきりと「永遠の平和」「永遠の平和」と二度言って、意識がなくなったという。

私が到着した時は、すでに意識がなかった。家の中には十数人、庭にも大勢の方々が集まって見守っておられた。私は祖父の枕元の左側に座って、祖父の手を握った。右側には祖母が座って祖父の体をさすっていた。

誰からともなく観音経が始まり、それがやがて「念彼観音力、念彼観音力、念彼観音力」の大合唱となった。私は祖母が初めに唱え出したのだと思っていたが、後に祖母は誰か分からないと言っている。

観音経が響く中で、祖父貫太郎はすべて燃え尽き、静かに息を引き取った。

しかし私は握った祖父のふっくらとした手が優しく温かいままなので、昇天した瞬間がわからなかった。もう合唱もおさまり、母に「もうおじいちゃまは亡くなったのだから、手を放しなさい」と言われても、「でも、温かいから」としばらくは握ったままだった。

『鈴木貫太郎傳』には、「十七日未明、大きな星がきれいに尾を曳いて西の空に消え去った」と書かれている。享年八十。肝臓ガンだった。

激動昭和の「伴走者」

二日後の四月十九日、実弟鈴木孝雄を葬儀委員長として、祖父は関宿の隣り、境の火葬場で荼毘《だび》に付された。

利根川にはまだ橋が架けられていなかったので、関宿から途中船に乗せて川を渡り境まで。沿道には小学生はじめ村人が総出で並び、合掌する方や跪《ひざまず》く方などもいた。遺体が乗った荷車の後ろに長い列が並び、それを大勢の方々が見守った。

祖父の体は大きかったので普通の棺では入らず、急いで特注で造ったという。

本葬は四月二十三日、東京護国寺の桂昌殿で行われた。葬儀委員長は岡田啓介氏。各界の方々から贈られた花輪が並び、祭壇には天皇陛下、皇后陛下、各宮家から送られた御供物が並ぶ。その中で少女の私が不思議に思ったのは、陛下から贈られたお供物だった。

紅白の立派な菊の打菓子が大量に積まれていたのだ。慶事ではないのになぜ紅白？　これは高齢で逝ったことは慶事とされての宮中のしきたりのようだった。

花々で飾られた祭壇。両陛下の御代拝、皇族その他貴賓、各界名士はじめ葬儀会場には溢れるほどの弔問客。ＧＨＱの支配下だったという事情もあったのか国葬ではなかったが、本当に鈴木貫太郎の死を悼む大勢の方々の思いが込もった厳粛な葬儀だった。

　岡田啓介氏の弔辞は貫太郎の生い立ちに始まり、海軍時代からの人となりにも及んだ。

「故人の人となりは真実の意味での武士道を体得したものでありまして、身を持するに厳、人を待つに寛、事を処するに剛毅沈勇、常に友人後進の敬愛の的でありました」

「昭和二十年四月、故人が内閣総理大臣の大命を拝されました時は大戦の戦局、既に窮まり、正しく祖廟《そびょう》と社稷《しゃしょく》の危機でありました。しかも国内の情勢は、頑迷激烈なる本土抗戦の主張が横行し、大勢の赴くところ、遂に亡国の悲運を招く他はないと思われるばかりでありました。鈴木君はこの未曾有の難局に当たり、老体を挺して終戦の事に従い、真に狂瀾を既倒に回《めぐら》すの勇猛心をもって、よくこの大事を成し遂げられたのであります。（中略）

　幸いにして皇室の安泰と民族の生存を確保し、他日国家としての再建復興の目途を持ち得ることは、不幸中の幸いと申すべきでありましょう。顧みて故人なかりせば、祖国の運命果たして如何なるものであったろうかと思えば、今更の如く鈴木君が君国にとって一大柱石であったことを痛感せずにはおられません。

　大勇院殿尽忠孝徳日貫大居士という戒名は、真に故人の生涯を彷彿せしめて余りありと思われるのであります」

　お言葉の一部を記したが、よき弔辞をいただいたとの思いとともに、当時が敗戦の色濃く、まだ日本が衰退から抜け出せていない時期であったことが窺われ、感慨深いものがある。

茶毘に付されて出てきた祖父の遺灰は、真っ白だったように思う。ふつう、病を患った部位の骨は黒くなっていることが多いと聞いていたけれど、あれだけの大病だったのに、なぜか美しかった。

私はその時、残っていたはずの一発の銃弾のことは念頭になかった。実は二・二六事件で被弾した四発のうち、一発だけは摘出できず、そのまま祖父の体内に残っていたはずだった。そして後になって気になりだした。安藤大尉指揮の下、下士官のピストルから発射された弾は見当たらなかった。どうしたのだろうか――。菩提寺・実相寺の御住職も長い間気になっていたという。下士官のピストルの弾は鉛製だったから、きっと火葬の高熱に溶けてしまったのだろう。「消えた銃弾」をそう思うことにした。

ともかく、祖父・貫太郎の体の中に潜み、歴史が激しく動いた昭和の時代を、「伴走者」として一緒に駆け抜けた銃弾は、祖父の命が終わると同時に姿を消してしまったのだった。

祖父の遺骨は郷里の関宿に移され、実相寺の先祖代々の墓地に埋葬され、分骨は身延山に安置された。遺言には自分の父由哲の墓よりも大きくしてはならぬとあったので、ほぼ同じ形の墓石が建立された。今はタカもそこに眠っている。その左にはちょっと間をおいて、早逝した妻トヨの墓が並んでいる。

あとがき

昭和が終わり、平成、令和と時代が移っても、世界のあちこちで戦争が起きています。多くの命が奪われ、文化遺産が破壊されています。子どもや女性たちも悲惨な目に遭っています。戦争にそれぞれ言い分はあっても、正義はありません。そして今、日本は外国から「軍事大国になった」（「タイム」誌）などと言われるような危ない時代に、いつの間にか入ってきたことが気がかりです。

いったん始まった戦争を終えるのはいかに難しいか――。

祖父の事績が、少しでも平和を考える上で参考になってくれればと願ってやみません。

それにつけても、懸命に生きていた当時の方々には学ぶことが多いとつくづく思います。

本文で紹介しましたが、祖父の戦後の感懐の中に、敗戦した日本が取るべき道が示されています。

日本の行く末を見つめ、その心構えを記したものです。

「これからは一歩一歩正しい世論に従って国の復活を進めてゆかなければならないと思う。（中略）日本国民が嘘をつかぬ国民になることである。そして絶えざる努力を続けてゆくことである。（中略）（世界の）国々の信用を回復することが第一である」

この反省は七十数年前だけに当てはまるものではないと思います。過去のものというよりも、今にこそ生かされるべき言葉ではないでしょうか。

かつて祖父が住んでいた丸山町の家は何度か改築され、今私はそこで縄文系の柴犬と暮らしています。水はもう枯れてしまいましたが、祖父が金魚に餌をやった池や、石積みの門柱、つたに覆われた塀も昔のままです。築山の真ん中にあった松の代わりに、戦後、父と植えたマグノリア（泰山木）が、今は大木になっています、そんな環境の中で原稿を書きました。

この本を書くにあたっては、多くの方々のお世話になりました。第一に、根本から歴史の見方や史実などを教えてくださり、解説文まで書いてくださった保阪正康先生。本当にありがとうございます。また、資料・写真を提供してくださった野田市市政推進室の笹川知樹さんはじめ野田市教育委員会の皆様。親身になってサポートしてくださった梶原眞悟さん。つたない作品を読みやすい本にしてくださった朝日新聞出版の福場昭弘さん。そして読者の皆様に感謝申し上げます。最後に友人たちと、日常を支えてくれる愛犬「寮」にも感謝を捧げます。

二〇二四年　二月

鈴木道子

《解説》鈴木家の家族の悔しさ

鈴木登場は何を意味するのか

昭和史を担った首相は三十二人いる。その中でもっとも過酷な役割を与えられたのは誰であろうか。私は躊躇なくその筆頭に鈴木貫太郎をあげる。在任期間はわずか四か月余である。しかしその任たるや昭和史（六十四年、実際には六十二年と二週間）全体を左右するほどの重責であった。

そのことをもっともよく知っていたのは、当の鈴木貫太郎と昭和天皇であった。

あえて歴史の流れを抑えておくべきだが、昭和天皇はこの年（昭和二十年）初めには、日本の敗戦を覚悟して講和（あるいは和平）を求めていた。だが、その胸中は直接には明かしていない。しかし内大臣の木戸幸一、侍従長の藤田尚徳などはその感情を理解していた。とはいえ彼らは直接に政策の転換を要求すべき権限は持っていない。むろん天皇もそのことはご存じの立場でもあった。そこで試みられたのは、七人の重臣に意見を求めようとすることであった。それが二月に行われたのだが、前首相の東条英機を除いて、他の重臣は消極的に、あるいは直接には意見を口にせずとも講和に舵を切るべきことを示唆した。大体が天皇と気持ちをそろえていたのである。

鈴木は枢密院議長として天皇側近の一人だったが、むろん軍事情報は何ひとつ知らされていない。軍事指導者の木で鼻をくくったような答弁に不満をあからさまにしていた。鈴木は口にこそ出さないものの、明らかに軍事指導者に信頼の念を持っていなかったのだ。

こういう事情を踏まえた上で、昭和二十（一九四五）年四月を確認してみよう。

四月五日、小磯国昭内閣は戦争政策の方向を全く見失い辞表を提出した。そこで重臣ら八人が宮中に集まり、次期首班の人選にあたった。鈴木も出席していた。東条英機が陸軍から選ばないと不穏な事態が起こると発言して、全員の怒りを買っている。結局、当の鈴木を除いて、鈴木首班を推す方向に会議は進んだ。鈴木は発言を求められると、「今は重臣に国家に殉ずるの覚悟、責任がある」として、改めて全員が同じ覚悟で臨むべきだと言い、若い近衛文麿の登場を促した。この会議は、鈴木と東条を除いて、実は他の重臣のほとんどが鈴木を想定していたのである。

結局、鈴木が固辞できぬ状態になり、天皇に結論が報告された。

こうした史実の流れを見ていくと、鈴木の登場は二つの意味を持つことがわかる。ひとつは天皇を始めとして宮中側近の戦争終結の意思を代弁していること。もうひとつは、東条の発言を見てもわかる通り軍部の強硬派（本土決戦派）をいかに宥《なだ》めつつ講和を目指すかが鈴木に求められていたこと、である。つまり鈴木は時に二枚舌を使わざるを得ない状況に置かれていたのである。これをもっと整理した言い方で評するならば、「日本が危急存亡の秋《とき》に、政治が軍事の上に立つ」という正道に立ち返るという意味であった。この歴史的な役割が、七十七歳の鈴木に託されたのだ。

昭和天皇に会う前に、鈴木は一度家に戻り、家族に首班指名されそうな空気を告げている。家族はこの老齢ではとても無理と、こぞって反対している。

本書の持つ意味が大きいのは、家族の側から鈴木の動きが初めて的確に描写されていることだ。鈴木は天皇の前に出た時にも、政治にかかわらず身を処してきた一介の武弁（武官）ゆえ、「拝辞のお許しを願い奉ります」と頭を下げた。すると天皇は、「この非常時に人はいない。どうか引き受けて欲しい」と頼んでいる。ここには自分の気持ちは、鈴木がもっともわかっているはず、との思いがあったのであろう。鈴木はそれを察し辞を低くして頷いた。

本書は、この時の二人の会話を常に土台に据えながら読んでいくべきである。阿吽《あうん》の呼吸でわかりあえる意思の交流があった。そうすると一見矛盾している鈴木の首相としての言動が、見事に

「救国の精神」に合致していることが浮かんでくる。

天皇と鈴木が歩調をそろえて国難の状態を乗り切るという構図は、日本の憲政史上では、稀有《けう》のことであったと言っていい。加えて鈴木の家族が一丸となって鈴木を支えるという姿勢も見えてくる。

現実には組閣の段階でも、陸軍は鈴木が講和を考えているのではないかと見て、陸相人事にも口を挟んだ。しかし鈴木は何としても阿南惟幾を陸相に据えたかった。かつての侍従長時代に阿南は侍従武官として仕えていて、気心が知れていたからである。渋る陸軍側は、もっと強く「聖戦継続」を主張する杉山元などを留任させたがっていた。鈴木は巧みに説いて阿南を陸相に就け、外相には講和の方向を模索している東郷茂徳を説得して据えている。こうした人事は鈴木が考える講和

の路線を目指す一環でもあったのだ。

鈴木は首相として組閣を終えた翌日、国民に向けて談話を発表している。この談話について本書は、鈴木の苦しい胸の内を思いやっている。談話のなかに「国民諸君は私の屍を踏み超えて立つの勇猛心をもって新たなる戦力を発揚し、共に宸襟《しんきん》を安んじ奉らん事を希求して止まない」との一節もあり、これはさらに戦力を増強して戦うとの意味があった。このラジオ放送を聴いた国民は、この内閣も依然として戦争継続内閣だと思ったに違いなかった。

しかしこの国民向けの談話には、やはり二つの意味が込められていた。本書でも紹介されている「終戦の表情」の中では、鈴木自身が「第一は今次の戦争は全然勝ち目がないと予想していたので、大命が下った以上、機を見て終戦に導く」「第二は自分の命を国に捧げるという誠忠の意味」と語っている。農商省の官僚だった鈴木の子息一《はじめ》（著者の父親）は、その職を離れて父親の秘書の地位についたのだが、イタリアのバドリオ政権（ムッソリーニ政権崩壊後、連合国に降伏した政権）になることを父は恐れなかったとの証言を残している。

とはいえ鈴木の談話に接した国民は、鈴木のいう二つの意味を理解できなかったのは当然である。軍部を宥めるために鈴木は戦争を継続する、私の屍を超えて進んで行けと檄を飛ばしたように思ったのも仕方がないことであった。もしこれが聖戦必勝を唱え続けてきた指導者なら、もっと明確に聖戦継続を呼び掛けよと、軍の本土決戦派から脅迫、威嚇、あるいは直接行動を示唆されたかもしれない。しかし日本海軍の最長老、天皇に最も近い側近、そして見識のある知性人、そういう経歴の前に軍部もひとまずは内閣に従う姿勢を見せたのであった。

天皇が信頼し、いみじくも「もうほかに人がいない、鈴木、頼む」と漏らしたことが、もしも国民に広く知られたとしたら、国民の中のかなりの人たちが、「日本は講和に傾いている」と思ったに違いない。

しかしそれを国民に伝えられない辛さが、貫太郎だけでなく、鈴木家全体の無念として本書では語られているようにも思える。その悔しさや無念も本書を貫く一本の柱になっていると、私には窺えるのである。

歴史の中に思いを刻み込む

あえて鈴木家の家族の悔しさをもう一点、触れておかなければならない。

本書の第六章になるのだが、戦争末期にアメリカを中心とする連合国によって発せられたポツダム宣言について、鈴木首相は「黙殺」としてこれを無視した、それゆえにその後の広島・長崎への原爆投下やソ連参戦があった、との説が流布した。有り体に言えば、鈴木首相の責任を問うとの極論まで口にする人たちが存在する。一時そのような論がメディアなどにも登場したことがあった。

結論からいうことになるのだが、これは史実を理解していない推測の論である。あるいは軍部の本土決戦派の異様というべきほどの実態を無視した論であると言ってもいいように思う。

鈴木首相の家族にすれば、こういう誤解や推測は何としても解いておかなければとの思いがあるだろう。当然である。著者は、終戦間近なのに、なお戦死者が出ていた事実に対して痛恨の思いを吐露しつつ、「黙殺」に関しては「事実は大きく違う」と本書でも訴えている。実際にその通りである。もともと鈴木首相は「拒否」に類する表現は用いていない。

本書と重なるので事実の経過は詳細には記さないが、要は鈴木首相が新聞記者から、「ポツダムから発せられた宣言に政府としてはどのように考えているか」という意味の問われ方をした。鈴木がこの問いに応える中に、「この共同宣言はカイロ宣言の焼き直しであると考えている。（政府としては）ただ黙殺するだけである。我々は戦争完遂にあくまでも邁進するのみである」との一節があった。この「黙殺」が軍部の本土決戦派に利用されるのである。

実際にはポツダム宣言を強硬に拒否するとの談話を出せと、参謀総長の梅津美治郎《よしじろう》や軍令部総長の豊田副武《そえむ》らは鈴木に詰め寄っていた。鈴木はその意見を半分とりあげつつ、もう半分でさしあたりは対応しないとの意味を込めていたのだ。

ところが同盟通信社が「ignore（無視する）」として発信した語句が、英米側では「reject（拒否する）」という訳語になっていたのである。これを新聞で知った外相の東郷は怒り、これでは意味が変わる、拒否してはいない、と閣議で不満を持ち出している。鈴木はまさに板挟みになっていたということになろう。

あえて補足しておくが、もしこの段階で鈴木がポツダム宣言を受諾するとでも発言したら、たとえ天皇との間で了解があったにしても軍部の本土決戦派は鈴木内閣を倒すだけでなく、鈴木自身の生命さえ狙ったであろう。なぜ受諾するのか、聖戦完遂・本土決戦を放棄するのか、という声は軍の内外に確かに広がっていたからである。鈴木首相が「受諾」といえばよかったのにという論は、仮定であり、推測なのである。著者は鈴木首相の遺族として、こうした実態から離れた仮説に振り回される必要はない。私は史実を検証した上で、著者にそう声をかけたいと思う。むしろ軍の本土決戦派の無責任な言動こそ批判されるべきだと考えている。本土決戦は、この年の一月二十日に、大本営が「帝国陸海軍作戦大綱」として決定していた。しかし、秋頃に上陸するであろう連合軍との「決戦計画」は杜撰《ずさん》で、「破れかぶれ」と言わざるをえないものだった。

三月に硫黄島の守備隊が壊滅した。本土決戦の第一号ともいえる。住民を巻き込んでの戦闘としては四月一日に米軍が沖縄本島に上陸を開始した沖縄戦が本土決戦の幕開けだった。

沖縄の住民は過酷な状況に置かれた。大半が戦闘員に組み込まれ、まだ「少年」「少女」と呼びたくなる旧制中学生や女学校の生徒たちも千人近くが「戦死」した。沖縄県民全体の四人に一人、約十二万人が亡くなっている。沖縄は秋の「決戦」への時間稼ぎとして「捨て石」にされたのだ。

やがて北海道から九州に至るまで戦場となるだろう。ところが、航空機はおろか日本にはもう満足な武器・弾薬はなく、兵士用の靴さえ十分に揃っていなかったという。さらなる特別攻撃に頼り、「根こそぎ動員」した国民を鎌や竹やりで戦わせ、上陸した米軍に「大打撃」を与えて日本に少しでも有利な講和に持ち込む——。

およそ現実的でない戦略は、単に戦争を長引かせるだけのものだった。

今年（二〇二四年）は、日本の敗戦から七十九年に当たる。日々、昭和史自体が「歴史」の中に組み込まれていく。その時に鈴木貫太郎の孫娘に当たる著者が、一族の立場を再確認し、歴史の中に祖父や父の一氏の思いを刻み込もうと試みるのは重要な意味を持つ。本書を読みながら私はひとりの昭和史探究者として、著者が探究心と分析力を失わずに難事業に取り組んだことに深い畏敬の念を持った。本書が多くの人に読まれることを期待したい。

補足になるが、私はかつて敗戦前後の日本社会を分析するために、鈴木一氏に何度か取材を行ったことがある。メリハリのある声で、往時の辛い思い出を語ってくれた。もっとも印象に残っているのは、昭和二十年八月十五日の夜、とにかく終戦に持ち込み、自らの役割を終えたとして、昭和天皇に辞表を提出して官邸に戻ってきたときの父の姿だったという。

ソファに座り込んだ鈴木貫太郎は、息子に向かって、「天皇さんが、鈴木、ご苦労さん。本当によくやってくれたと言ってくださった……」と涙を流しながら語ったという。一氏の目も潤んでいたように思う。本書の行間から、私は何度もその光景が浮かんできた。

昭和天皇と鈴木貫太郎の二人が近代日本の最終段階で、国の完全なる崩壊を一歩手前で止めたということではないだろうか。

保阪正康

鈴木貫太郎年譜

和暦	西暦	年齢	主な出来事
慶応3			12月24日、父由哲・母きよの長男として和泉国伏尾（現・大阪府堺市）で誕生
明治元	1868	1	9月8日、改元。この年、鳥羽伏見の戦い、江戸を東京に改称、明治天皇即位
2	69	2	東京に移る
5	72	5	関宿に移る。久世小学校に入学
10	77	10	前橋に移る。桃井小学校に転校。西南の役
16	83	16	群馬中学を退学、上京し海軍兵学校の入学試験準備
17	84	17	海軍兵学校（第14期生）入学
20	87	20	海軍兵学校卒業、海軍少尉候補生となる。遠洋航海で各国歴訪
25	92	25	海軍大尉となる
27	94	27	日清戦争（〜95年）。水雷艇隊艇長として旅順攻撃などに参加
30	97	30	海軍大学校入学。大沼トヨと結婚
31	98	31	海軍大学校卒業、海軍少佐となる。長女さかえ誕生
34	1901	34	ドイツ駐在を命じられる（〜03年）。長男一（はじめ）誕生
35	02	35	キール軍港視察後、北欧各国歴訪。日英同盟条約締結
37	04	37	巡洋艦「日進」「春日」の回航に成功。日露戦争（〜05年）
38	05	38	日本海海戦に第四駆逐隊司令として参加
40	07	40	海軍大佐となる。次女ミツ子誕生
大正元	12	45	妻トヨ死去（33歳）。明治天皇崩御、大正に改元
2	13	46	海軍少将、海軍省人事局長となる
3	14	47	海軍次官となる。第一次世界大戦勃発（〜18年）

4	15	48	足立タカと結婚
6	17	50	海軍中将となる。父由哲死去
9	20	53	第二艦隊司令長官となる
10	21	54	第三艦隊司令長官となる
11	22	55	呉鎮守府司令長官となる
12	23	56	海軍大将となる。関東大震災おこる
14	25	58	海軍軍令部長となる
昭和元	1926	59	昭和に改元
4	29	62	侍従長となり、枢密顧問官を兼ねる
5	30	63	ロンドン海軍軍縮条約調印
7	32	65	五・一五事件。犬養毅首相が暗殺される
11	36	69	二・二六事件。侍従長官舎で銃撃による重傷を負う。侍従長を辞す。男爵位を授かる
14	39	72	第二次世界大戦おこる（〜45年）
16	41	74	日独伊三国同盟調印。対米英宣戦
18	43	76	山本五十六連合艦隊司令長官、戦死。アッツ島玉砕
19	44	77	枢密院議長となる。東条内閣総辞職
20	45	78	ヤルタ会談。米軍沖縄上陸。小磯内閣総辞職。組閣の大命くだる。鈴木内閣発足。沖縄陥落。ポツダム宣言。広島に原爆投下。ソ連が対日宣戦。長崎に原爆投下。二度の御前会議により、ポツダム宣言受諾。鈴木内閣総辞職。再度、枢密院議長になる
21	46	79	天皇、新年の詔書で神格否定（人間宣言）。枢密院議長を辞任、官職から解放される
22	47	80	日本国憲法施行
23	48	81	4月17日、関宿の自邸で死去

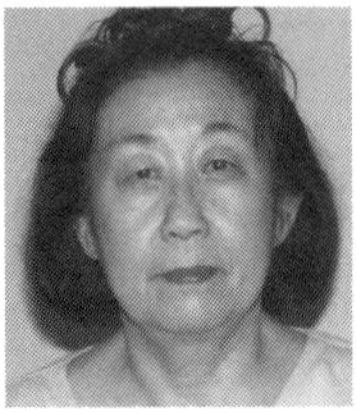

鈴木道子（すずき・みちこ）
昭和６（1931）年、東京生まれ。東京女子高等師範（現お茶の水女子大学）附属高校を経て東京女子大学卒業。文化放送勤務後、音楽プロデューサーとして活躍。音楽関係の著書・訳書多数。祖父・貫太郎は第42代内閣総理大臣。絶望的な戦局下で終戦を主導した。父の一(はじめ)は農商省勤務から鈴木首相の秘書官に。のち侍従次長、穀物取引所理事長などを務めた。

監修・保阪正康（ほさか・まさやす）
昭和14（1939）年、北海道生まれ。ノンフィクション作家。同志社大学卒業。「昭和史を語り継ぐ会」主宰。第52回菊池寛賞受賞。『昭和陸軍の研究』『陰謀の日本近現代史』など著書多数。

祖父《そふ》・鈴木貫太郎《すずきかんたろう》

孫娘《まごむすめ》が見《み》た、終戦首相《しゅうせんしゅしょう》の素顔《すがお》

2024年３月30日　第１刷発行
2024年８月30日　第２刷発行

著　　者　鈴木道子
発 行 者　宇都宮健太朗
発 行 所　朝日新聞出版
　　　　　〒104-8011　東京都中央区築地５－３－２
　　　　　電話　03-5541-8832（編集）
　　　　　　　　03-5540-7793（販売）
印刷製本　中央精版印刷株式会社

ISBN978-4-02-251968-9
定価はカバーに表示してあります。

落丁・乱丁の場合は弊社業務部（電話03-5540-7800）へご連絡ください。
送料弊社負担にてお取り替えいたします。